학생부종합전형

지방학생들의 반란

시외버스 타고 인서울 학종 성공기

학생부종합전형

지방학생들의 반란
시외버스 타고 인서울 학종 성공기

펴낸날 2018년 5월 10일 1판 1쇄

지은이 한국교육컨설턴트협의회 1급 진로진학상담사

펴낸이 김영선
교정·교열 이교숙
디자인 박유진 · 김규림

펴낸곳 (주)다빈치하우스-미디어숲
주소 경기도 고양시 일산서구 고양대로 632번길 60, 405호
전화 02-323-7234
팩스 02-323-0253
홈페이지 www.mfbook.co.kr
출판등록번호 제 2-2767호

값 15,800원
ISBN 979-11-5874-035-1

이 도서의 국립중앙도서관 출판예정도서목록(CIP)은 서지정보유통지원시스템 홈페이지(http://seoji.nl.go.kr)와
국가자료공동목록시스템(http://www.nl.go.kr/kolisnet)에서 이용하실 수 있습니다.(CIP제어번호: CIP2018009826)

학생부종합전형

지방학생들의 반란

시외버스 타고 인서울 학종 성공기

한국교육컨설턴트협의회 1급 진로진학상담사 지음

미디어숲

집필진 소개

한국교육컨설턴트협의회 1급 진로진학상담사

전용준

강남메가스터디입시연구소 소장

〈투모라이즈-S 학교생활기록부 자가진단〉프로그램 개발

입학사정관제가 도입되던 2008년부터 대학입시 관련 전형분석 및 설명회를 시작하였다. 이후 매년 공교육 및 사교육기관에서 학생, 학부모 그리고 현직교사 및 학원장 대상의 학생부종합전형분석 및 합불 사례 특강을 진행하고 있다. 최근에는 DBK연구진들과 함께 〈투모라이즈-S 학교생활기록부 자가진단〉프로그램을 개발하였고, 현재 강남메가스터디 입시전략연구소장으로 왕성한 활동 중이다.

저서:『학교생활기록부 100문 100답』,『자기소개서&면접 100문 100답』,『입학사정관 멘토를 만나다』,『학생부종합전형 마스터플랜』,『tbs상담받고 대학가자 결정적코치 2,3,4,5,6』등

강왕식

Smart & Easy 입시컨설팅그룹 소장, 한국교육컨설턴트협의회 전임교수

현재 7인의 입시연구소장으로 구성된 Smart & Easy 컨설팅 그룹의 대표로 있으며, 국제중, 특목고&자사고, 대입 컨설팅 관련 강의 및 설명회, 집필활동을 하고 있다. 특히 1:1 맞춤형 비교과 Training Center를 운영하며 학부모와 학생들로부터 좋은 반영을 얻고 있으며, 학생들의 진로 설계와 학습 검사, 입시전략을 토대로 개인의 현 위치를 분석하고, 최상의 Road Map과 Plan를 제시함으로써 미래 사회의 주역이 될 학생들과 현장에서 함께 하고 있다.

저서:『결정적 코치 대입 실전편 5, 6, 7』,『학생부종합전형 마스터플랜』

김종찬

부안 최강학원장, 비전미래교육연구소장

16년간의 학원운영을 해온 베테랑으로 사) 한국교육컨설턴트협의회 1급 과정을 이수하고, 지속적인 입시 연구로 개개인의 상황에 따른 맞춤입시를 통해 다양한 활동에 임하고 있다. 농어촌전형을 전문으로 학생 상황에 맞는 진로, 진학 상담 및 그에 맞는 비교과 관리 프로그램으로 지도하고 있다.

저서:『tbs 상담받고 대학가자 결정적코치 7』

배득중

청담진로진학연구소 소장, 빅데이터를 활용한 학습연구 회사인 Study Line 대표
다년간의 학습법 연구와 함께 대입진로에 대한 열정과 다양한 경험과 배경지식을
바탕으로 진로 및 학습 입시 전략까지 수립해주는 활동을 함. 사)한국교육컨설턴트
협의회 1급 과정을 이수하고 전임강사로 활동 중이다. 특히 빅데이터를 활용한 학
습 분석과 코칭은 큰 호응을 얻고 있으며 의대입시전략 및 분석에 탁월함을 보이
고 있다. 현재 빅데이터를 활용한 학습연구 회사인 Study Line 대표 와 전북학부모
진로진학연구회를 맡고 있으며 강의 활동도 활발하게 진행 중이다.
저서: 『tbs 상담받고 대학가자 결정적 코치 2,3,4,5』

배수정

루시멘토 입시 전략연구소장, 경남도교육청 진로진학교사 보수교육 강사
부산교대 교육학 석사 / 다중지능적성평가사 / 공부습관지도사 / 경남도교육청 진
로진학교사 보수교육 부강사
아이들에 대한 사랑과 교육에대한 열정으로 진로진학에 대한 로드맵제시. 특히 지
방권 학생들의 특성에 맞추어 비교과 계획부터 기록까지 학생들 각각의 상황에 맞
추어 서울권, 국립대, 교대, 의대 맞춤입시지도로 큰 반응을 얻고 있다.
저서: 『tbs 상담받고 대학가자 결정적코치 6, 7』, 『학생부 평가·자소서평가·면접 평가』

안계정

유원멘토입시컨설팅 대표, 투모라이즈-S 컨설턴트
물리·수학교육학 전공으로 자연·이공계열 입시 및 취업컨설턴트로 학습·진로·진
학 코칭과 면접/자기소개서 상담을 통한 진로 컨설턴트로 활동하고 있다. 한국교육
컨설턴트협의회 NCS 연구회 소속으로 전국적인 취업캠프 및 상담을 진행하고 있
으며, 『퓨쳐플랜』입시 상담 수석 코치, NCS 취업컨설턴트로 활동하고 있다.
저서: 『NCS로 공기업 취업하기』, 『2017년 서울교육청 교육연구정보원 현장 연구과
제』, 『취업 역량강화를 위한 창의융합교과목 개별연구』, 『tbs 상담받고 대학가자 결
정적코치 7』

정유희

내일드림교육연구소장, 한국교육컨설턴트협의회 교수

대학입시에 대한 깊은 이해와 진로기반 진학상담을 위해 중부대학교 진로진학컨설팅 교육학 석사를 이수하여 진로기반 진학컨설턴트로 활동하고 있다. 현재 한국교육컨설턴트협의회에서 활동하고 있으며, 투모라이즈-S 학생부 관리프로그램 컨설턴트와 NCS 취업컨설턴트로 활동하며 브릿지 TV 인생캐치 취업상담소 전문패널로 활동하고 있다.

저서: 『tbs 상담받고 대학가자 결정적코치 6』, 『학교생활기록부 100문 100답』, 『자기소개서&면접 100문 100답』, 『학생 취업역량 강화를 위한 NCS기반 취업 교재』, 『NCS로 공기업 취업하기』

최인선

나오nau자녀지도연구소, 사회적기업 창체넷 교육이사

자기주도 학습코칭 상담을 기반으로 진로성숙을 통한 향상된 진학의 길을 함께 모색해 주고 있다. 사) 한국교육컨설턴트협의회 1급 과정을 이수하고, 학생과 학부모의 필요에 맞춰 쉽게 핵심을 풀어내는 상담을 통해 진로진학에 대한 역량강화 프로그램을 진행하고 있다. 현재 학습법 및 진학관련 다수의 외부 강의와 투모라이즈-S 대입진학프로그램 컨설턴트 및 (주)DEOLUX, (주)윤영 등에서 입시컨설턴트로 활동의 지평을 넓혀가고 있다.

저서: 『tbs 상담받고 대학가자 결정적코치 5,6,7 대입실전 공동저자

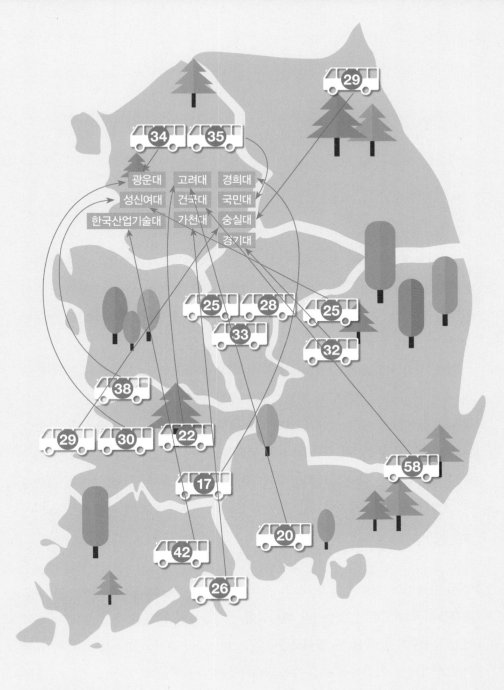

광운대 고려대 경희대
성신여대 건국대 국민대
한국산업기술대 가천대 숭실대
경기대

　최근 모든 교육계의 화두라고 할 수 있는 '2015개정교육과정'은 기존 교육의 본질적인 패러다임을 전부 변환시키는 교육과정으로 미래사회가 요구하는 핵심 역량을 배양할 수 있도록 인문학과 자연과학을 모두 갖춘 창의융합형 인재로 성장시키는 데 목표를 두고 있습니다.

　결국 이러한 흐름은 교과 수업시간에 배운 지식의 양을 평가하는 결과 위주의 평가가 아닌 학생주도의 토론수업과 실험 및 실습을 활성화하는 과정중심 교육을 통해서 학생의 성장과 변화를 최대한 이끌어내는 데 목적을 두고 있습니다. 한편, 과정중심의 평가를 위한 교육을 위해서는 문·이과 구분 없이 진로와 적성에 맞추어 다양하고 자유롭게 일반선택 및 진로 선택과목을 이수하여 4차 산업혁명이라는 급속한 지능정보 사회로의 시대적 변화에 부응하는 노력이 필요합니다.

　사실 이러한 새로운 교육 패러다임의 사회적 혹은 교육적 요구는 이미 주요 대학들의 대입전형 선발방식과 대기업의 인재상에서도 엿볼 수 있습니다. 대입전형 모집현황에서 볼 때 정시모집비율(23.8%) 대비 수시모집비율(76.2%)이 급격하게 증가하는 시점에서 주요 수도권대학들의 대표적인 전형이라고 할 수 있는 '학생부종합전형'은 수시모집에서 전체 모집인원의 24.3%를 차지하는 비중이지만 서울소재 상위권 대학의 경우 약 58%의 비율로 학생부교과전형과 논술전형이 축소되면서 상대적으로 최대 규모의 선발전형으로 자리매김하고 있습니다. 특히 '학생부종합전형'을 선발하는 주요대학들의 평가방식은 기존의 교과내신만으로 평가하는 학생부교과전형과 학교교육과정에서 벗어나 사교육의 영향을 받을 가능성이 있는 논술전형의 평가방식을 보완하기 위해서 지원자의 소속 고교에서 제공되는 교과활동과 교과외 활동 프로그램을 자기주도적으로 충실히 수행한 과정중심의 평가라는 의미에서 '2015개정교육과정'에 부합하는 전형이라고 볼 수 있습니다.

무엇보다 교과지식을 수행평가, 발표 및 토론을 통해서 지식축적이 아닌 지식활용의 학습경험을 평가하는 '학업역량', 지적호기심 및 진로 관련 탐구역량을 동아리 및 독서 그리고 진로활동 등을 통해서 전공성숙도를 보여주는 '전공적합성', 교내 다양한 행사 및 자치활동에 주도적인 참여를 통한 의미 있는 경험을 보여주는 '발전가능성' 그리고 교과 및 교과 외 활동 속에서 나눔 및 협력의 경험 사례를 보여주는 '인성' 등의 학생부종합전형 평가요소는 올해부터 고교생활을 시작하는 고1부터 적용되는 '2015개정교육과정'을 충실히 수행하게 될 인재들을 선발하고 평가하는 데에 있어서도 부족함이 없을 거라고 생각됩니다.

이 책은 최근 일부 언론의 학생부종합전형의 금수저 논란 및 일부 교수 논문에 미성년 자녀 공저자 등록 관련기사 등으로 인해서 학생부종합전형 제도 자체에 대한 학부모들의 불안과 전형 자체에 대한 불신이 높아지고 있는 상황에서 '학생부종합전형'의 오해와 불신을 해소하고 대입진학 관련 정보 격차를 느끼는

지방 학부모들과 학생들을 위해서 작년 2018학년도 총 17명 지방 일반고 출신 학생들과 2명의 지방 외고 출신 학생들, 1명의 지방 특성화고 출신 학생의 학생부종합전형 합격사례를 통해서 제대로 된 대입진학 정보를 제공하고자 집필하게 되었습니다.

한편, 특정 내신등급 이하는 학생부종합전형 지원이 어렵거나 혹은 교과 활동 없이 단순히 수치상의 교과내신 성적만으로 학생부종합전형 지원 여부를 판단하는 오해가 있습니다. 그래서 이 책에서는 지역별 그리고 고교별 다양한 교과성취도를 보이는 지원자들의 자기주도적인 교과활동을 통해서 인서울 대학에 합격한 사례를 소개하였습니다. 이 책의 구성은 타 지역으로 가기 위해 이용하는 시외버스를 상징적으로 사용해 자신감을 가지고 자신의 희망 진로를 위해 3학년 1학기가 마무리될 때까지 내실 있게 준비하는 과정과 방법론을 제시함으로써 인서울의 포부를 이루고, 모두가 좋은 결과를 얻기를 희망하는 마음에서 제작되었습니다.

1부에서는 학생부종합전형 합격생 학생들의 제출서류인 학교생활기록부와 자기소개서를 분석하여 학년별 창체활동과 독서활동의 진행상황을 통해서 고교 3년 동안의 충실한 활동상황을 이해하고자 로드맵을 제시해 보였으며, 교과 내신 성적 추이와 수시 6개 지원 전략을 통해서 학업역량 및 전형 선택에 대한 노하우를 소개했습니다. 특히 무엇보다도 소속 고교의 학교특색사업 현황에 대한 소개와 합격생의 특색사업별 개별 활동상황 점검을 통해서 교내 프로그램의 인식 및 참여의 중요성을 알리는 데 목적을 두었습니다. 다음으로 자기소개서 항목에 대한 전문가 분석 코너를 통한 자기소개서 작성 및 학생부 연계에 대한 이해를 돕고, 면접문항 소개를 통해서 실제 2단계 면접에서의 질문 수준을 살펴봄으로써 사전대비가 가능하도록 구성하였습니다. 한편, 학생부종합전형 관련 도서에서 자주 다루지 않는 농어촌전형과 특성화고 출신 전형 그리고 지방 특목고 사례도 포함하여 학생부종합전형을 준비하는 다양한 독자들의 기대에 부응하려고 하였습니다.

끝으로 2부에서는 지역별 일반고에서 내실 있게 진행되는 학교특색사업 프로그램에 대한 소개와 4차 산업혁명을 대비해서 대학교별 역점을 두고 선발하고 있는 '특성화학과'에 대한 소개를 첨부하여 학생부종합전형을 준비하는 모든 분께 반드시 필요한 대입진학 매뉴얼이 되기를 희망하는 바입니다.

저자일동

차 례

프롤로그

PART 1 학생부종합전형 합격 사례

로드맵 / 내신성적 / 2018학년도 수시전형 지원대학 합불 결과 /
합격포인트 / 학교 교육목표와 특색사업을 활용한 활동 특장점 분석 /
자소서 사례 / 전문가 분석(총평) / 면접문항

일반고 학종 합격사례

농어촌전형 학종 합격사례

지방외고 학종 합격사례

특성화고 학종 합격사례

PART 2 일반고 교육운영 특색활동 프로그램

우수 일반고 특색프로그램 활용

PART 3 학과 소개와 선택

PART 1
학생부종합전형
합격 사례

로드맵 / 내신성적 / 2018학년도 수시전형 지원대학 합불 결과 / 합격포인트
학교 교육목표와 특색사업을 활용한 활동 특장점 분석
자소서 사례 / 전문가 분석(총평) / 면접문항

고려대학교_ 고교추천 II 전형

암 정복을 꿈꾸고 있으며
인문학적 소양까지 갖춘 생명공학도

생명과학부 / 경남 평준일반고 주○○

로드맵

구분	1학년	2학년	3학년 1학기
자율활동	학급부반장 솔리언또래상담	백의종군답사 (보고서 및 연구 발표) 서울대농생대캠프	백의종군답사 (과학도의 윤리성 학습)
동아리활동	BIO(생물실험)		
	동고동락(논어강독)		
	수공구 1:1 수학멘토	SOB(생명과학 이론)	
봉사활동	행복한 남촌 마을(장애인복지시설)		
진로활동	자기성장 점보학술제		
진로독서	생명의 미학 〈박상철〉 생물의 무생물 사이 〈후쿠오카 신이치〉 종의 기원 〈찰스 다윈〉 세포들의 반란 〈로버트 와인버그〉 생명의 비밀을 밝힌 기록: 이중나선 〈이한음〉		

018

내신성적

교과	1학년 1학기	1학년 2학기	2학년 1학기	2학년 2학기	3학년 1학기
국어	4	2	2	2	1
수학	2	1	2	3	1.5
영어	1	2	2	1	1
사회	1	3	2	1	1.5
과학	3.5	2.5	1.5	2.5	2.5
	1학년	2학년	3학년	전체	
전 교과	2.3	2.1	1.9	2.00	
계열 교과	2.6	1.9	1.9	2.11	

2018학년도 수시전형 지원대학 합·불 결과

대학명	전형명	모집단위	최저학력기준	합·불여부
서울대	일반전형	응용생명	×	불합격
고려대	고교추천II	생명과학부	3개영역 합 6	합격
성균관대	성균인재전형	자연과학계열	×	불합격
부산대	일반학생	의예과	3개영역 합 4	불합격
경상대	교과영역우수자	수의학과	3개영역 합 4	불합격

 합격포인트

Q1 고려대 고교추천II 생명과학부를 선택하게 된 이유는 무엇인가요?

A1 면역성, 유전자 돌연변이, 암세포와 RNA에 관심이 많았습니다. 고등학교 때 다양한 활동을 하면서 생명과학에 대해 흥미를 느꼈습니다. 왜 생명공학이 아니고 생명과학이냐는 질문을 많이 받는데요. 우선 저는 순수하게 암 세포 연구 목적으로 진로를 정해서 생명과학으로 정하게 되었습니다. 그리고 학교생활 속에서 다양한 활동들을 해서 학업역량과 진로를 위해 노력

한 모습이 고려대 인재상에 부합된다고 생각합니다. 또 저는 다른 학생들보다 제 생각의 표현력이 좋아 면접에서 좋은 점수를 받을 수 있다고 생각했고, 수능 최저학력 기준을 맞추는 것도 자신이 있었습니다.

Q2 최종합격에 결정적인 영향을 미친 요소는 무엇이라고 생각하나요?

A2 다양한 활동들을 통한 지속적인 연구활동이라고 생각합니다. 처음에는 단순한 감기에 대한 관심에서 시작된 호기심이 암세포로 발전하면서 어려운 논문을 읽어내고 실험을 하면서 학업 역량을 쌓아 갔습니다. 진로에 관한 과학적 학습도 열심히 했지만 논어강독을 통한 인문학적 소양과 영어 학습을 게을리하지 않았던 것이 최종합격에 이르게 되었습니다. 활동한 내용들을 정리하면서 면접 질문 예상을 했던 것도 면접에 큰 도움이 되었습니다.

학교 교육목표와 특색사업을 활용한 활동 특장점 분석

학교 교육목표	특색사업
창의를 원리로 하는 창조인 「명랑하고 창의적인 학생」	자기성장 점보학술제 「나의 진로를 스스로 찾아가기」

학생 진로 세부활동
3년 동안 자기성장 점보학술제에 참가함.
1학년: 생명공학 및 의학 관련 진로 조사를 발표하고, 진로 선택에 따른 찬반토론에 참여하여 부모님은 객관적인 평가자이자 숲 전체를 바라볼 수 있는 역할이라는 찬성의 입장에서 논리를 펼침.
2학년: '식물세포의 세포질 유동에 유리한 용매, 물' 실험을 하면서 세포생물학에 대한 소양을 쌓음. '노화의 원인과 해결방안_산화작용을 중심으로' 문헌 연구를 통해 산화를 줄이는 방법을 연구함.
3학년: '녹차의 카테킨 성분의 암 예방 효과에 대한 연구' 실험 진행함.
1학년: 진로포트폴리오부문 금상, 논문발표부분 은상
2학년: 자연논문부분 은상, 자연논문발표부문 동상
3학년: 자연논문발표부문 장려상

봉사를 원리로 하는 사명인 「애교심, 애국심이 넘치는 학생」	지역과 나라사랑 교육 「우리 지역과 나라 사랑하기」 「녀던길(백의종군길)」 활동

학생 진로 세부활동
백의종군길 하동군 일대 방문 후 '녹차가 건강에 미치는 영향' 보고서를 작성하여 카테킨의 구조
와 효능에 대해 알아보고 유방암 전이를 억제하는 효능에 대해 조사함.
'태실지와 탯줄' 제대혈 줄기세포를 중심으로 보고서를 작성하고 탯줄혈액 줄기세포 척수이식, 뇌
변병 치료를 위한 동맥을 통한 주입법 제시를 학습함.
남명 조식 선생님 기념관 방문함(진주향교 인성교육 되새김).

신의를 원리로 하는 협동인 「서로 돕고 예의바른 학생」	나와 상대방을 위한 인성교육 「자신은 낮추go 배려는 높이go」

학생 진로 세부활동
자율동아리 '동고동락'에서 논어강독을 2년 동안 열심히 하면서 진주향교 인성교육 이수, 인문학적
소양을 높임.
3년 동안 행복한 남촌마을 장애인 복지시설 봉사활동을 하면서 모든 사람들과의 공감대 형성에 기
여함. 처음에는 시설을 방문하다가 자가 방문을 하면서 두 가지 경우를 비교하여 장단점을 정리함.

양심을 원리로 하는 성실인 「성실하게 학업에 충실하는 학생」	뒤처지는 학생 없는 학교 만들기 「기초학력 미달률 Zero화」

학생 진로 세부활동
3년 동안 수공두(자율동아리) 1:1 수학학습 멘토를 맡고, 작은 수학 체험전 개최. 솔리언 또래상담
연수(학습멘토)
수학배틀에 참가하여 풀이 방법을 공유하고 피드백하는 시간을 가짐. 친구들과 후배들에게 학업
상담, 공부법에 대한 질문에 공감하여 함께 문제를 해결해 나가는 모습이 보임.

자기소개서 사례

(자기소개서 1번) 고등학교 재학기간 중, 학업에 기울인 노력과 학습경험을 통해 배우고 느낀 점을 중심으로 기술

수학성적에 큰 충격을 받고 스스로에게 시간을 주며 문제점을 고민했습니다. (중략) 조건의 변화와 확장을 적용한 공부는 '만약 ~라면?'의 사고에 익숙해지는 계기가 되었고 이는 수학뿐 아니라 다른 과목과 실험설계에도 큰 도움이 되었습니다.

이러한 것이 계기가 되어 이론을 학습하고 해결책을 생각한 후, 전문서적을 찾아보며 확인, 수정하며 관심 분야에 대한 지속적인 탐구를 했습니다. 암세포의 무한분열에 매력을 가지고 정상세포와 암세포의 차이점, 다단계 발암 기전에 대해 공부하고 BRCA2 및 3세대 항암제 연구사례를 조사했습니다. 하지만 암세포에 대해 깊이를 더해 갈수록 지식의 한계를 느꼈습니다. 그래서 'Campbell Biology'를 암의 무한증식을 중심으로 공부하고 관련 논문을 찾아보았습니다. 이 과정에서 '만약 세포주기 조절인자를 제어한다면, 무한분열을 막을 수 있지 않을까?'라는 생각이 들어 G0기 세포의 신호조절 방법을 응용해 보았습니다. 하지만 아무 곳에서나 분열을 멈추는 암세포의 특성상 G1 확인 점에서 생장인자를 차단해도 분열을 계속한다고 판단하여 다른 방법을 고민하던 중, miRNA를 접했고 유전자 발현 단계에서의 조절 방법에 대해 공부하였습니다. 그 후에는 '생화학'에서 세포분열촉진 기전과 miRNA 생성과정을 공부하며 SncRNA, LncRNA를 알게 되었고 이는 목적유전자와의 작용기전 연구를 통해 암세포 유전자 발현 억제 연구의 꿈을 가지게 해주었습니다.

자소서 1번	제목: '만약 ~라면?' 의문에서 시작한 깊이 있는 학습		
	4번 수상경력	7번 창체활동	9번 독서활동
학생부 항목	• 1학년: 학력경시대회(수학)/ 은상 • 1학년: 독서토론부문/은상 • 2학년: 학력경시대회(수학)/ 은상 • 2학년: 자연논문부문/은상 • 3학년: 학력경시대회(수학)/ 동상	• 동아리활동: (수공구) 1:1 수학학습멘토, 작은수학체험전(SOB) 세포의 밀도의존성 억제현상과 부착의존성에 반해 암세포의 무한증식성에 대해 탐구진행 • 봉사활동: 수학공부두레단 회원의 가르침 • 진로활동: '생명과학(캠벨)'암세포를 막는 방법의 인식과 작동 메커니즘 보고서 작성	• 1학년(공통): 생명의 윤리를 말하다 〈마이클 샌델〉 • 2학년(공통): 세포전쟁 〈매리언 켄들〉, 줄기세포 발견에서 재생의학까지 〈샐리 모건〉 • 3학년(공통): 생물과 무생물 사이 〈후쿠오카 신이치〉

학생부 항목	8번 교과세부능력 및 특기사항
	• 1학년(생명과학I): '카타카(GATTACA)' 유전자 조작의 폐해와 유전자 조작기술 장점과 부정적인 가능성에 대한 연구도 병행되어야 한다고 발표함. 호르몬에 대해 관심이 많으며 복잡한 매커니즘을 도식화하여 이해하는 모습이 보임. • 2학년(영어): 암세포의 특징에 관한 영어 설명문을 통해 의학 분야에 많이 나오는 용어를 정리하여 학생들에게 소개. 암세포의 특징을 기존의 세포와 비교하여 학생들이 이해할 수 있도록 설명함. • 3학년(생명과학II): 암세포 최신 연구사례를 질문하면서 miRNA의 큰 범주인 non-coding RNA에 대해 발표함. Long non-coding RNA를 향후 연구 과제로 설정함.

학생부 항목	10번 행동특성 및 종합의견
	• (진로) 생물동아리활동에 적극참여 탐구능력 향상, 대학교 필수과목인 생화학과 유기 화학 관련 보고서 작성 • (나눔) 수공두 가르치미 활동을 통해 지적 나눔 실현

| 전문가 총평 | 수학성적이 고민이 많았던 학생이 동아리활동과 학급 내에서의 활동을 통해 극복해 나가면서 사고의 전환이 지적탐구의 바탕이 되었습니다. 매 학기 자기성장 정보학술제를 통해 자신의 진로활동에 대한 깊이를 더해 가는 모습이 보였습니다. 특히나 SOB(이론) 동아리에서 실험을 설계한 후, BIC(실험) 동아리에서 다양한 실험을 경험하고, 이론을 정리하고 논문을 참고하면서 대학교재를 활용하는 모습에서 학업의 잠재역량을 볼 수 있었습니다. |

 면접문항

Q 3년 동안 제일 인상 깊었던 동아리활동은 무엇이며, 거기서 배우고 느낀 점은 무엇인가요?

(자기소개서 2번) 고등학교 재학기간 중 본인이 의미를 두고 노력했던 교내 활동을 배우고 느낀 점을 중심으로 3개 이내로 기술

'암세포연구원'의 꿈을 위해 하는 일, 진학할 과, 암과 노화에 관한 기본적인 지식을 조사하여 '전공탐구보고서'를 만드는 것부터 시작했습니다. 이는 목표를 위한 청사진을 그리고 꿈에 대한 확실성을 가지게 해주어 다음 활동들에 매진하는 원동력이 되었습니다. 최근의 암 연구사례와 연구동향을 알고 싶어 2학년 2학기부터 암 관련 신문기사를 스크랩하고 그 밑에 저의 생각을 덧붙이기도 했습니다. 백의종군로 발표를 준비하며 녹차카테킨의 화학반응에 대해 조사한 것을 바탕으로 3학년 때는 카테킨 항암작용의 실효성에 대한 실험도 진행했습니다. 서울대농생대캠프에서 배운 증식배지제조법을 이용하여, 암세포를 직접 증식시키는 실험을 계획하고 암세포를 구하기 위해 연구실에 연락하여 허락도 받았지만 액체질소 통에 담아 직접 가져가야 한다는 조건이 있어 실현시키진 못했습니다. 그래서 대장암은 포화지방산 분해 정도를, 구강암은 흡연 후 필터색 변화를, 식도암은 녹차의 염분 흡수 정도를 측정하는 것으로 실험계획을 변경하여 암의 주요원인에 대한 카테킨의 효과를 확인했습니다. 또한 이를 정리해 '녹차 카테킨 성분의 암 예방 효과연구' 보고서를 만들어 학술제에 참여했습니다. 암세포로 직접 실험을 하지 못해 정확한 암에 대한 효능을 확인하지 못한 아쉬움은 있지만, 스스로 실험을 설계하고 주어진 환경에 따라 실험계획을 변경하며 실험의 기회를 의미 있게 활용하기 위해 노력했습니다. 또한, 3년간 크게는 '생명과학', 작게는 '암세포연구원'이라는 하나의 목표에 지속적으로 매진했고, 이 목표가 대학으로 이어져 평생을 같이 하고 싶습니다.

자소서 2번	제목: 암세포 연구원이 되기 위한 노력		
	4번 수상경력	7번 창체활동	9번 독서활동
학생부 항목	• 1학년: 진로포트폴리오부문/ 금상 • 2학년: 논문발표부문/동상 • 3학년: 자연논문부문/장려	• 자율활동: 백의종군로 1차답사 후 '녹차가 건강에 미치는 영향' 주제로 보고서 작성. 서울대 농생대 캠프 참가 • 동아리활동: (SOB) '발암물질 니코틴이 체내 장기에 미치는 영향' 실험 계획 • 진로활동: '녹차의 카테킨 성분의 암 예방 효과에 대한 연구' 실험	• 1학년(생명과학): 내 몸 안의 지식여행 인체생리 〈다나카 에츠로〉 • 2학년(공통): 세포들의 반란 〈만프레트 라이트〉 • 3학년(공통): 종의 기원 〈찰스 다윈〉

8번 교과세부능력 및 특기사항
• 2학년(영어I): 'Telomere and cancer' 주제로 '암세포연구원에 대해 발표함'. 텔로미어 영어논문을 찾아보고 친구들에게 설명함. • 3학년(영어독해와 작문): '염증반응의 긍정적 영향'에 대한 지문을 정리하여 부정적인 영향을 찾아봄. 만성염증이 암세포를 촉진할 수 있다는 내용을 영작하여 발표함. 영어 실력이 출중하여 대학진학 시 원서를 볼 수 있는 실력을 가지고 있음.

10번 행동특성 및 종합의견
• (호기심) 백의종군로 답사 후에 해당 지역의 특산품인 녹차의 카테킨에 대해 조사하고 태실지와 탯줄에서 제대혈 줄기세포의 장단점을 다룬 보고서 작성

전문가 총평
1학년 때부터 생명과학에 대한 관심이 많았고 학년이 올라가면서 '암세포 연구원' 진로를 향해 다양한 활동을 한 모습이 보입니다. 백의 종군로 답사 과정에서 녹차에 대한 암 예방을 주제로 보고서를 쓰거나 생명과학캠프에 다녀와서 다양한 실험을 시도하는 모습에서 자기주도적 진로 설계를 엿볼 수 있습니다. 비록 고등학생에게 장비가 부족하여 자신이 설계한 실험을 못 했더라도 다른 실험을 통해 자신의 꿈을 키워나갔습니다. 대학 진학 시 원서를 충분히 읽어 낼 수 있는 영어 실력을 가지고 있는 학생이라 그 부분도 생활기록부에 잘 나타나 있습니다.

 면접문항

Q 지원자는 지원하려는 과에 요구하는 전공적합성에 약 몇 % 정도 완성되었다고 생각하나요?

고려대학교_ 고교추천II전형

명확한 콘셉트와
거기에 맞는 꾸준하고 일관된 활동으로
가상현실전문가를 꿈꾸다.

전기전자공학부 / 전북 평준일반고 한○○

로드맵

구분	1학년	2학년	3학년 1학기
자율활동	현대자동차 체험학습 정보부장	도서부장 국립과학관 체험학습	부실장 융합인재부 활동 수학·과학 멘토링
동아리활동	메카트로닉스(자율동아리)		
	물리 동아리	축구 동아리	책사랑 독서 동아리
봉사활동	사랑모아 장애우 봉사활동		
진로활동	STEAM 활동을 통한 전공적합성 강화 다양한 과학 특강	대학 전자공학 체험 동아리 발표 국립과학관 체험	물리·에너지 분야 미래예측 탐구 보고서
진로독서	소드 아트 온라인 〈카와라라 레키〉 가상현실 세상이 온다 〈서기만 외 4명〉 모든 순간의 물리학 〈카를로 로벨리〉 4차 산업혁명 이미 와 있는 미래 〈롤랜드버거〉 가상현실 〈편석준 외 3명〉		

내신성적

교과	1학년 1학기	1학년 2학기	2학년 1학기	2학년 2학기	3학년 1학기
국어	3	3	3	3	4
수학	2	2	2	2.5	2.43
영어	1.5	2	2	1	1
사회	2.5	2.5	2	3	2
과학	2	2	1	1	2
	1학년	2학년	3학년	전체	
전 교과	2.24	2.26	2.23	2.24	
계열 교과	2.12	2.17	2.35	2.23	

2018학년도 수시전형 지원대학 합·불 결과

대학명	전형명	모집단위	최저학력기준	합·불여부
성균관대	성균인재전형	전자전기공학부	×	불합격
한양대	학생부종합(일반)	융합전자공학부	×	불합격
중앙대	다빈치전형	전자전기공학부	×	면접 불참
시립대	학생부종합	전자전기컴퓨터 공학부	×	불합격
아주대	ACE전형	전자전기공학부	×	면접 불참
UNIST	일반전형	이공 / 기초학부	×	합격
DGIST	일반전형	기초학부	×	합격

 합격포인트

Q1 고려대 전기전자공학부 고교추천전형 II을 선택하게 된 이유는 무엇인가요?

A1 평소 고려대 진학을 희망하고 있었고 변화된 수시전형에 맞춰 선생님께서 내신이 부족한 저에게 이 전형을 추천해 주셨습니다. 이후 전형에 맞춰 꾸준히 학생부를 관리해 왔고, 특히 전공과 관련된 특성 있는 활동을 다양하게 하고 잘 기록해 두어서 진학을 결정하게 되었습니다.

Q2 최종합격에 결정적인 영향을 미친 요소는 무엇이라고 생각하나요?

A1 고려대 고교추천전형Ⅱ는 면접이 가장 중요하다고 생각했습니다. 서류전형에 합격하고 면접 준비를 철저히 했습니다. 다행히 다른 대학에 합격하여 미리 실전을 경험할 수 있었습니다. 그리고 서류전형에서의 중점은 동아리 활동에서의 전공과 관련된 활동 사례를 부각시켜 학생부를 관리하고 자소서를 작성했던 것이 좋은 결과로 나타났다고 생각합니다.

학교 교육목표와 특색사업을 활용한 활동 특장점 분석

학교 교육목표	특색사업
창조력을 조장하여 새로운 문화가치를 창조하는 능력을 키운다.	[독서 인증제] – 추천도서 및 창조 독서노트 활용 [글로벌 인재 인증제] – 경시대회, 국가영어능력 평가, 교내고사 등으로 어학능력 향상

학생 진로 세부활동
자신의 꿈을 주제로 영어 발표대회에서 전자공학자가 되어 'Nerve Gear'를 만들고 싶다는 포부를 밝힘.
다양한 전공 및 인문학 독서 그리고 원서 읽기와 책 사랑 활동을 함.

합리적 사고와 탐구하는 생활태도를 기른다.	[탐구 인증제] – 과·기술·사회 융합적 기초소양 함양을 위해 다양한 견학 및 보고서 작성

학생 진로 세부활동
수상 드론 제작과정에서 물의 저항을 줄이기 위해 미시비시 중공업의 MALS기술 등 여러 방안을 모색함.
인근 거점 국립대학에서 사물인터넷에 대한 학습과 아두이노 교육을 통해 그 원리를 이용하여 물체를 3차원 구동을 위한 회로도를 설계함.

자아의 문제를 자주적이고 창조적으로 해결하는 능력을 기른다. 근면과 성실로 책임을 다하는 생활 태도를 기른다.	[봉사활동 인증제] – 단계별 봉사 교육으로 다양한 방법의 봉사활동 활성화 [자기주도학습 인증제] – 자기주도학습 계획표 작성 및 이행 지도

학생 진로 세부활동
매년 나눔 봉사단원으로 활동, 정기적이고 주기적으로 봉사활동 참여함.
수학, 물리, 국어 방과후수업 참여 후 성적 향상에 노력을 기울임.
학습시간에 배운 과학적 원리를 동아리활동에서 다양하게 실험하고 검증해 봄.

체육의 생활화로 강인한 체력을 기른다.	[1인 1기 인증제] – 취미와 특기를 살려 건강한 인성과 체력을 함양

학생 진로 세부활동
축구 클럽 활동으로 건강한 체력과 정신을 기름.

 자기소개서 사례

(자기소개서 1번) 고등학교 재학기간 중, 학업에 기울인 노력과 학습경험을 통해 배우고 느낀 점을 중심으로 기술

학교 공부 외에 어떤 방식으로 공부해야 자유롭게 의사소통할 수 있는 능력을 갖출 수 있을까 고민해 보았습니다. 저는 축구를 좋아하여 유튜브에서 해외축구 영상을 자주 찾아보곤 했는데 처음에는 해외 해설자들의 설명을 여러 번 들어도 잘 이해되지 않았습니다. 하지만 여러 번 반복하여 듣는 동안 경기에서 어떤 전술이 사용되었고, 선수들의 움직임의 대한 설명들이 이해되기 시작했습니다. 저는 그 이후로 시간이 날 때마다 국내보다는 해외 해설자들의 경기 분석을 찾아서 지속적으로 시청하며 영어에 최대한 익숙해질 수 있도록 노력했고 축구뿐 아니라 제가 관심 있는 공학과 물리 분야의 영상들도 TED에서 자막 없이 들어보며 최대한 외국인이 말하는 영어에 익숙해질 수 있도록 노력했습니다. 그 결과 영어 듣기에 자신감을 갖게 되었으며, 영어 듣기와 관련된 수행평가와 시험에서도 좋은 성적을 거둘 수 있었습니다. 이러한 영어 학습 습관은 공학 동아리활동을 할 때에 많은 도움이 되었습니다. 레일건, 수중드론, 이온추진기 등 동아리에서 진행하는 프로젝트 자료를 수집할 때에 영어로 된 자료에 거리낌 없이 다가갈 수 있었고, 제가 직접 자료를 찾으며 동아리활동에 더욱 적극적으로 참여할 수 있게 되었습니다. 또한 관심 있는 분야인 전자공학과 관련된 자료를 찾기 위해 IEEE에 들어가서 최신 뉴스를 통해 정보를 얻는 등 저의 꿈을 구체화시키는 데도 큰 역할을 했습니다.

자소서 1번	제목: 영어학습법의 일환으로 동영상을 활용하고 거기서 배운 배경지식을 다양한 동아리활동으로 연계		
학생부 항목	4번 수상경력	7번 창체활동	9번 독서활동
	• 1학년: 학업우수상(영어) • 2학년: 학업우수상(심화영어) • 3학년: 학업우수상(심화영어독해)	• 동아리활동(2학년: 타이픈): 축구동아리활동 다양한 전술 전략 제시 • 진로활동(3학년: 과학토론): 4차산업 혁명과 미래기술에 대한 다양한 토론	• 2학년(영어): Future Energy 〈Alex Raynham〉 • 3학년(영어): 원서보다 먼저 읽는 영어로 물리학 〈원서 읽기 연구소〉
	8번 교과세부능력 및 특기사항		
	• 1학년(영어): 의사소통능력을 키우는 데 중점, 과제발표에서 주도적인 역할을 함. 단순암기가 아닌 탐구적인 자세로 영어 학습함. • 2학년(심화영어독해): 관심 분야 컴퓨터 관련 소재가 나오면 관련 자료를 수집. 'Use of Artificial Intelligence in Medicai Setting's'를 주제로 자연어 처리와 가상현실 통합으로 지능형 가상 인간을 만들 수 있다는 내용을 영어로 발표하여 최고 평가받음.		

	10번 행동특성 및 종합의견
	• 1학년(잠재력): 공학에 관심이 많아 자료를 많이 탐색하며 배경지식이 매우 많음. 핵융합 영문 자료를 읽고 친구들에게 나눠주고 의견을 나눔.
전문가 총평	우수한 영어성적을 유지할 수 있었던 자신만의 영어 학습법을 잘 설명하고 있습니다. 평소 좋아하는 축구와 전공과 관련된 다양한 동영상들을 영어로 접하면서 실력을 키우고 전공에 관련된 심화된 지식도 축적할 수 있었습니다. 이를 활용한 동아리활동, 전공 관련 독서, 과제연구 발표 등에서 우수한 평가를 받았고 그 과정을 상세하게 학생부 곳곳에 사례와 함께 잘 녹여내 좋은 평가를 받았다고 봅니다.

 면접문항

Q 고등학교에서 배운 과목 중 공학과 가장 연관 깊다고 생각하는 과목은 무엇인가요?

Q 수학, 과학 중 세부과목으로 가장 어렵게 학습했던 내용은? 그리고 어려운 내용을 익히기 위해 본인은 어떤 노력을 했나요?

 자기소개서 사례

(자기소개서 2번) 고등학교 재학기간 중 본인이 의미를 두고 노력했던 교내 활동을 배우고 느낀 점을 중심으로 3개 이내로 기술

저는 전기, 전자공학 분야에 관심이 많습니다. 학교 공학 동아리인 메카트로니스트에 가입해서 아두이노 장치에 대해 배우고 흥미를 가지게 되었습니다. 동아리활동으로 3D Touchless Tracker라는 장치를 만들었습니다. 이 장치는 공중에 있는 물체의 위치를 인식하여 컴퓨터에 좌표 값으로 나타내 줍니다. 이 장치를 만들기 위해 아두이노 홈페이지와 관련된 자료들을 보면서, 아두이노가 전기적 입·출력의 변환과 활용을 통해 기계의 작동을 제어하고, 하나의 아두이노로 여러 가지 소스코드를 이용해 다양하게 사용할 수 있다는 것도 알았습니다. 3D Touchless Tracker를 만들 때에 부품의 부족으로 어려움을 겪었

지만 생활 속에서 흔한 여러 대체 물품을 이용하여 실패를 반복한 끝에 완성할 수 있었습니다. 공간좌표를 가장 인식하기 쉬운 조건을 만들기 위해 주위 자기장이나 물체에 묻은 물 등 여러 가지 요인을 바꿔보며 실험 데이터를 모았고, 최적의 조건을 만들어 동아리 발표회 때 발표함으로써 대상을 수상하였습니다. 저는 이미 만들어진 소스 코드만을 활용하는 데 그치지 않고 직접 프로그래밍해 보고 싶은 생각이 들었고 지역대학 캠프에 참여하여 그곳에서 아두이노에 대한 프로그래밍에 대해서 배우게 되었습니다. 여러 부품을 이용하여 회로를 만들고 아두이노를 연결하여 초음파 센서, 신호등 등을 만들어 보았으며, 조별 탐구 주제로 동작 모터를 제어하는 측면에 초점을 맞추었고, 로봇팔의 기초 동작 원리에 대한 탐구를 선택하여 회로와 프로그래밍을 번갈아 맡아가며 각각 한 방향키의 조작을 맡는 3개의 관절을 완성했으며 아두이노를 최대한 활용했을 때의 가능성을 주제로 발표하였습니다.

전문가 분석

자소서 2번	제목: 전공 관련 동아리에서의 심화된 활동 경험		
	4번 수상경력	7번 창체활동	9번 독서활동
학생부 항목	• 1학년: 동아리발표대회(대상) • 3학년: 역학, 에너지 탐구대회 　(동상)	• 동아리활동(1,2,3학년: 메카트로니스트) 동아리 부회장 전 자기유도장치활용 레일건과 코일건 제작. 아두이노 탐구학습 후 이를 통해 여러 가지의 실험과 제품을 만들어 봄.	• 2학년(공통): 소드 아트 온라인 〈가와하라 레키〉 • 가상현실 세상이 온다 〈서기만 외 5인〉 • 3학년(공통): 가상현실 〈편석준 외〉
	8번 교과세부능력 및 특기사항		
	• 2학년(개인세특): 인근 거점 국립대학 캠프에 참가하여 사물인터넷(IOT)에 대해 알게 되었고, 아두이노 교육활동을 통해 아두이노를 이용한 회로의 동작원리를 이용하고 이를 활용하여 물체를 3차원으로 구동하기 위한 모터의 최소 개수인 3개를 동시에 조작하는 회로를 설계함.		

10번 행동특성 및 종합의견	
	• 2학년: 1년 동안 동아리에서 하게 될 프로젝트를 기획 총괄하며 각 조의 부족한 점을 알려주고 보충해 주는 등 동아리를 이끌어 나가는 능력이 뛰어남.
전문가 총평	3년간 꾸준히 활동해온 메인 동아리활동에서 가장 의미를 두고 했던 사례를 상세히 기록함으로써 실험의 성공 여부를 떠나 과정에서의 자신의 역량과 공학자로서의 자질 그리고 잠재력을 어필하였습니다. 무엇보다도 동아리 연간 기획을 총괄하고 그 과정에서 거점 대학과 연계하여 프로젝트를 진행한 과정을 자소서나 학생부에 잘 어필하였습니다.

 면접문항

Q 학교생활 중 가장 인상 깊었던 활동, 그로 인해 자신이 변화된 점은 무엇인가요?

Q 부실장 활동 중 힘들었던 점과 극복 과정을 말해 보세요.

한양대학교_ 학생부종합전형

국민의 삶을 아름답게 바꾸는 교육정책연구원을 꿈꾸다.

행정학과 / 충북 비평준일반고 장○○

로드맵

구분	1학년	2학년	3학년 1학기
자율활동	학급실장, 1학년 자율자치회 회장 글로벌커뮤니케이션, 통찰적 사고력 부문 인재 선정	전교부회장 PPT 스마트 콘테스트 주제 주제 발표 교내 인재로 선발	전교 회장
동아리활동	인문학 자율동아리 교내신문제작반	자율동아리 정치부팀장 교육봉사동아리	인문학 자율동아리 신문반 교육봉사동아리
봉사활동	지역 복지시설, 자연환경 가꾸는 봉사활동	사할린동포 돕기 캠페인 지역아동센터 멘토 특수교육대상학생 도우미활동	지역복지시설
진로활동	My career portfolio Dream lecture에 참가해 지 식강연, 국회견학	교내 SNS망 구축 소통 학생복리를 위한 제안실천	교내 학술대외 학교프로그램 공모전 수상 모의유엔대회 개최
진로독서	국부론 〈애덤스미스〉 / 청소년을 위한 경제의 역사 〈니콜라우스 피퍼〉 채근담 〈홍자성〉 / 목민심서 〈정약용〉 열등감을 희망으로 바꾼 오바마 이야기 〈헤더 레어 와그너〉 설득의 정치 〈마르쿠스 툴리우스 키케로〉 / 세계명저 사회학 30선 〈다케우치 요우〉 인문학 리더십 〈조슬린 데이비스〉 / 아이들이 살아있는 교육과정 〈김용근〉 정당이 살아야 민주주의가 산다 〈미래정치연구소〉 / 일등주의 교육을 넘어 〈조희연〉		

교과	1학년 1학기	1학년 2학기	2학년 1학기	2학년 2학기	3학년 1학기
국어	4	3	2.5	3	2
수학	2	4	2	3	4
영어	3	2	3	2	3
사회	3	2.5	1.5	2.5	1
과학	3	4	2	4	
	1학년	2학년	3학년	전체	
전 교과	2.92	2.63	2	2.52	
계열 교과	2.82	2.59	2.1	2.5	

2018학년도 수시전형 지원대학 합·불 결과

대학명	전형명	모집단위	최저학력기준	합·불여부
한양대(서울)	학생부종합	행정학과	×	합격
한국교원대	학생부종합우수자	역사교육과	×	불합격
부산교대	초등교직적성자	초등교육과	×	불합격
춘천교대	교직적인성인재	초등교육과	×	불합격
서울시립대	학생부종합	행정학과	×	불합격
부산대	학생부종합I	역사교육과	×	불합격

 합격포인트

Q1 한양대 행정학과를 선택하게 된 이유는 무엇인가요?

A1 국가의 정책을 직접 설계하는 고위행정공무원이 저의 장래희망으로써 행정학과에 진학하는 것이 5급행정직공무원공채시험을 합격하는 데 유리하다고 판단하여 본 학과에 지원하게 되었습니다. 또한 개인적으로 알아본 결과, 본 대학이 전국 4순위의 합격자를 배출하였다는 점을 강점으로 여겨 한양대 행정학과를 지원하게 되었습니다.

Q2 최종합격에 결정적인 영향을 미친 요소는 무엇이라고 생각하나요?

A2 첫 번째는 고교 3년 동안의 생기부에 행정학과와 관련된 장래희망을 꾸준히 희망하였고, 그에 따른 비교과활동을 풍부하게 한 것입니다. 두 번째는 교내 동기들 가운데 가장 많은 생기부 분량(32쪽)을 갖고 있었다는 점입니다. 주로 교과별 세특(매우 중요함)과 자동봉진(자율,동아리,봉사,진로)에 많은 노력을 기울였습니다. 마지막으로 학교에서 주최하는 모든 교내대회에 참가하여 장려상 이상의 수상을 한 것입니다.

학교 교육목표와 특색사업을 활용한 활동 특장점 분석

학교 교육목표	특색사업
명품 인재 양성 OO 삼품제	「참된 인성과 실력을 겸비한 창의인재 육성」 인성품, 창의품, 학력품 영역 품별 평점 부여 영역별 1품–명예의 전당 등재

학생 진로 세부활동
3년 내내 교내 으뜸인재 선발대회의 다양한 분야에 출전하여 지속적으로 수상함으로써 우수함을 인정받음.
역사와 정치외교에 관한 탁월한 지식을 보유하여 이를 교내 경시와 동아리활동을 통해 우수하게 드러냄.

글로벌 인재 양성	「심화 수업 프로그램 운영」 「청소년 단체 연계활동을 통한 리더십 증진」 다양한 체험학습 및 진로체험활동

학생 진로 세부활동
강한 리더십으로 교내 글로벌커뮤니케이션 활동에서 발표를 맡아 영어뿐만 아닌 중국어도 능숙하게 구사함.
3년간의 학생회, 학년자치회장, 학급간부를 맡아 교내외적으로 다양한 활동을 함.
도교육감과의 학생원탁 토론대회에 참여하는 등의 우수한 활동을 실시함.

| 미래 설계 | 「동아리활동을 통한 진로탐색 프로그램 운영」
48개의 교육과정 동아리 운영 |

학생 진로 세부활동

전공진로 적합성을 드러낼 수 있는 다양한 동아리활동에 참여함.

주도적 역할과 다양한 활동 프로그램을 제안함으로써 교내 동아리 활성화에 기여함.

| 창의융합인재 | 「창의융합 인재양성을 인한 심화탐구 프로그램 운영」
학술연구를 위한 무학년제 자율동아리 운영 |

학생 진로 세부활동

통찰적 사고력을 요구하는 교내 대회에서 두각을 나타내는 여러 활동을 함.

교내 인문역사 관련 공모전에서 다수의 수상실적을 보임.

학술동아리를 창설하여 교과 심화활동을 주도함.

학교 프로그램 제안에서 "동북공정"문제를 제기함으로써 최우수 수상함.

 자기소개서 사례

※ 한양대학교는 제출서류에 자기소개서 제출이 없으며, 서류평가방식은 적성(학업역량 50%), 인성 및 잠재력(활동역량 50%)을 평가합니다. 아래 내용은 학생의 한양대학교 제출서류를 기반으로 학생의 역량을 보여주기 위한 분석입니다.

전문가 분석

학생부 기반	학업역량 분석		
	4번 수상경력	7번 창체활동	9번 독서활동
학생부 항목	• 1학년: 학습플래너 활용우수 학생(대상) • 1학년: 성적우수상(한국사, 사회) • 1학년: 방학과제물 최우수(수학, 국어)	• 자율활동(2학년): 수학에 대한 동기유발 및 도전정신으로 수학구조물을 제작해 우수 방학과제로 입상함.	• 1학년(수학): 소설처럼 아름다운 수학이야기 〈김정희〉, 수학인문으로 수를 읽다 〈이광연〉, 수학비타민 플러스 〈박경미〉 • 1학년(사회): 리딩으로 리드하라 〈이지성〉

학생부 항목	• 2학년: 성적우수상(음악과생 활, 한국지리) • 2학년: 방학과제물우수(국어, 수학) • 2학년: 스마트 프레젠테이션 영어말하기 대회(최우수) • 2학년: 창의 인재 선발대회 과 학독서감상문 발표부문(우수)	자율활동(2학년: 다언어 탐구 토론대회): 인공지능의 발달로 변화하는 미래에 대해 알아보 고, 이를 중국어로 번역한 후 중국어로 내용을 전달하는 역 할을 맡아, 주변 중국동포를 찾아가 직접 발음을 배우고 교정하는 등의 열정적이고 적 극적인 모습을 보임.	• 1학년(공통): 열등감을 희망으 로 바꾼 오바마 이야기 〈헤더 레어 와그너〉 • 2학년(독서): 청소년을 위한 케 인스의 일반이론 〈존 메이너드 케인스〉 • 2학년(미적분I): 교양인을 위한 수학사 강의 〈이언 스튜어트〉, 논리적 딜레마 〈존 W 도슨 주 니어〉 • 2학년(사회문화): 사회학에의 초대 〈피터 L 버거〉, 세계명저 사회학 30선 〈다케우치 요우〉 • 2학년(한국지리): 살아있는 지리교과서 〈전국지리교사연 합회〉 • 2학년(중국어): 류샤오보 중국 을 말하다 〈류샤오보〉

8번 교과세부능력 및 특기사항

- 1학년(국어I): 국어 지식 확장을 위해 '시'에서 중요한 내용과 교사의 설명을 곁들여 자신만의 해설서 노트를 만들어 공부함.
- 1학년(실용영어독해와작문): 영어듣기 실력향상을 위해 영어 듣기파일을 다운받아 자투리시간을 활용하고 유튜브에서 자막 없이 시청하기도 하는 등 영어 성적에 얽매이지 않고 폭넓은 시야를 가지고 영어를 학습함.
- 1학년(사회): 지구촌 각 지역의 여러 사회현상에 대한 이해력이 뛰어나며, 인구, 식량, 자원, 환경 문제에 관심을 가지고 그 심각성을 인식하였으며, 지속가능한 발전의 중요성을 이해하고 적용하는 능력이 탁월함.
- 1학년(생활과윤리): 학습에 대한 열의가 높아 수업시간에 이해가 가지 않는 부분은 관련 서적 및 인터넷 검색을 통하여 관련 학자 및 이론을 이해함.

10번 행동특성 및 종합의견

- 2학년(자기주도성): 1년 동안 동아리에서 하게 될 프로젝트를 기획 총괄하며 각 조의 부족한 점을 알려주고 보충해 주는 등 동아리를 이끌어 나가는 능력이 뛰어남. 공교육 중심의 자기주도적 학습활동을 통해 스스로 학업에 정진하는 자주적 학습태도를 기름.

전문가 총평	다독과 다작의 과정에서 추가되는 방대한 양의 정보는 학생의 학업적 성취도를 높이는 일등공신일 것입니다. 학년을 거듭할수록 꾸준한 상승세를 보여주는 학생의 학업적 성취도 또한 학생의 우수한 면모를 보여주고 있습니다.

학생부 기반	전공적합성 분석		
	4번 수상경력	7번 창체활동	9번 독서활동
학생부 항목	• 1학년: 으뜸인재선발대회–통찰적 사고력1위 (최우수) • 1학년: 전문직업인 초청강연 보고서(우수) • 1학년: 으뜸인재선발대회–글로벌커뮤니케이션(장려) • 2학년: 으뜸인재선발대회–언어사고력, 겨레바로알기(우수) • 2학년: 으뜸인재 종합3위 • 2학년: 다언어 탐구 토론대회 (장려)	• 자율활동(1학년): 인문학 테마 전시대회에 '조선의 역사와 미의식'을 주제로 본선 참가함. • 자율활동(2학년): 인문소양함양캠프에 참여해 사드배치에 따른 한중일의 서로 다른 입장 표명에 착안해 '서구 열강의 동아시아 진출에 따른 한중일의 근대화 운동 비교'라는 주제를 탐색 연구하여 소논문을 작성함. • 동아리활동(1,2,3학년: BOP): 정치부 팀장으로 북핵대책과 통일교육에 대한 학술대회를 통해 북핵 확산 방지에 대한 구체적 내용을 새롭게 정립하고 지식의 폭을 넓히는 계기가 됨. • 동아리활동(1학년: 신문반): 교지 제작에 참여. 언론의 중요성을 깨닫고 그 역할을 수행하기 위해 노력함.	• 1학년(공통): 청소년을 위한 국부론 〈애덤스미스〉, 니콜로 마키아벨리 군주론 〈니콜로 마키아벨리〉 • 1학년(사회): 설득의 정치 〈키케로〉 • 2학년(공통): 정당이 살아야 민주주의가 산다 〈윤종빈〉

8번 교과세부능력 및 특기사항

• 1학년(한국사): 17세기 조선과 명나라 관계에 대한 책을 읽고 광해군의 정책에 흥미를 느껴 "광해군의 중립외교 정책을 통한 역대 대통령들의 외교정책 비교와 앞으로의 방향 연구"라는 주제로 각종 서적과 다큐멘터리를 참고하여 보고서를 작성함. 광해군과 역대 대통령의 외교정책을 비교하면서 향후 진행될 바람직한 외교정책에 대해 생각해 보는 계기를 마련함.
• 1학년(생활과윤리): 의무론, 공리주의 등 다양한 윤리 이론에 대해 관심이 많으며 자신의 삶에 비추어보고 실제적으로 이해하고자 노력함.
• 2학년(사회문화): 정치외교학과 지망학생답게 학생회 부회장 역할을 감당함에 있어, 합리적으로 기획하고, 먼저 실천하며, 앞서서 일하는 솔선수범의 리더십을 발휘함.

10번 행동특성 및 종합의견

• 1학년: (리더십)자율자치회회장으로서 학생들의 의견을 적극 수렴하여 요구상항은 학교에 건의하고 불편한 사항은 개선하는 데 노력함으로써, 면학분위기 조성에 힘써 긍정적인 방향으로 변화시키는 데 중요한 역할을 함.
• 2학년: 역사를 통해 과거를 반면교사로 삼아 올바른 정치를 하고 싶다는 꿈을 지녔음.

전문가 총평	학생부 전반에서 나타나고 있는 학생의 전공적합성은 놀랍습니다. 나랏일을 하는 이의 몸가짐이라 할 **身言書判**(신언서판) 자세를 두루 갖춘 인재의 모습이 학생의 3년 고교생활에서 그대로 드러나고 있음을 확인할 수 있습니다.

학생부 기반	발전가능성 분석		
	4번 수상경력	7번 창체활동	9번 독서활동
학생부 항목	• 1학년: 독서논술 포트폴리오 대회(우수) • 1학년: 진로진학 미래비전 작성(최우수) • 2학년: 역사과 인문소양 공모전(최우수) • 3학년: 학교프로그램 제안 공모전(최우수)	• 자율활동(2학년): Smart PPT speech contest에 참가하여 영어로 자신의 생각을 정확하게 전달하는 언어적 의사소통 능력을 키움과 동시에 흥미 있는 주제에 대한 자신의 의견을 PPT를 직접 제작·활용해 효과적으로 전달하는 능력을 함양시킴. • 동아리활동(1학년: 자율동아리 BOP연구보고서): 남북한 언어 이질화 인식을 통한 청소년의 통일 인식 변화에 적극적으로 참여함.	• 1학년(공통): 평생에 한 번은 꼭 채근담을 읽어라 〈김이리〉 • 2학년(공통): 인문학 리더십 〈조슬린 데이비스〉
	8번 교과세부능력 및 특기사항		
	• 1학년(국어I): '청소년의 언어 사용'에 관한 토론 활동에 참여하여 토론의 단계와 장점 등을 파악하고 토론 활동에 관심을 가지고 '헌법토론대회' 등에 참여하여 자신과 다른 상대방의 의견에 귀를 기울이고 자신의 의견을 설득력 있게 제시하는 토론의 기술을 습득함. • 1학년(사회): 인간의 기본권과 관련된 내용을 사전이나 관련 뉴스기사를 이용하여, 실제 사회문제 및 사건을 통해 내용들을 이해하려는 노력을 함. 또한 평소 여가시간을 이용하여 인터넷 신문의 정치, 세계 관련 뉴스를 자주 찾아보았으며, 꾸준히 국내와 국외문제를 연관지어 생각하고 시사점을 본인 스스로 정의내리고 해결책을 강구하는 습관을 가지고 있음.		
	10번 행동특성 및 종합의견		
	• 2학년: 알고 있는 바를 명확하게 전달하고, 상대방을 논리적 언어로 설득하는 데 소질이 있음.		
전문가 총평	학생의 가장 큰 장점은 자신의 지적 탐구심을 십분 활용한 정보와의 소통입니다. 주어진 프레임에 갇혀 있지 않고, 현장에서 일어나는 현상에 관심을 기울여 이를 자신의 것으로 만들기 위한 과정은 학생이 어떤 인재로 성장할 것인지를 가늠하게 해주는 부분입니다.		

학생부 기반	인성 분석		
	4번 수상경력	7번 창체활동	9번 독서활동
학생부 항목	• 1학년: 창의인성페스티벌-전시부문(장려) • 2학년: 학급멘토 사탐부문(우수)	• 동아리활동(1학년): 현충원 봉사활동을 통해 호국영령의 뜻을 기리고 나라사랑 정신을 함양함. • 봉사활동(1,2,3학년): 사할린 한인영주민 가족상봉을 위한 기금 마련 캠페인, 지역아동센터 교육봉사, 특수교육대상학생 또래 도우미 멘토링 활동 • 진로활동(2,3학년: 학생회): SNS를 활용한 학생회 동향을 게시하고 전교생과 소통하는 장을 마련하고 학생 복지를 위한 노력을 기울임.	• 1학년(공통): 도덕경 〈노자〉, 목민심서 〈정약용〉

	10번 행동특성 및 종합의견
	• 1학년: 타인에게 도움이 될 수 있는 일을 적극적으로 찾아 실천함. • 1학년: 학급실장 • 2학년: 전교부학회장 • 3학년: 전교회장 • 2학년: 과목별 학습도우미 및 멘토링을 통해 일대일 맞춤형 멘토링 활동을 꾸준히 실시함. • 2학년(리더십): 기숙사 자치회장을 맡아 학생들의 의견을 수렴하고 이를 학교에 건의해 면학 분위기 조성에 주력함.

전문가 총평	학생에게 고교 3년은 리더의 자격을 갖춰가는 시기였을 것입니다. 학급 간부와 전교 간부를 거치면서 많은 부침 속에서도 우리와 주변을 살피고 소통하는 모습은 학생의 잘 갖춰진 인성을 보여주고 있습니다.

성신여자대학교_ 학교생활우수자전형

교육 분야의 다양한 토론과
지역아동센터에서 학습지도 현장경험을
겸비한 교육전문가를 꿈꾸다.

교육학과 / 경북 영주 영광여고 장아연

로드맵

구분	1학년	2학년	3학년
자율활동	학급지도부원 학급또래학습도우미 교내학생자치법정 (변호사)	학급봉사부장 교내학생자치법정 (변호사)	학급또래도우미 독서신문 게시판 운영 인문학 특강
동아리활동	NIE(동아리부장)		
		에누리(에듀케이션나누리/동아리부회장)	
봉사활동	또래학습도우미활동/희망지역아동센터&우리아이지역아동센터 방문		
		학급멘토	
진로활동	소논문쓰기 주제로 전문직업인 특강 초등교사 주제 전문직업인 특강	유아교육 주제 전문인초청 특강	
		교내신문동아리부장 예술제/동아리축제운영	
진로독서	나의 직업 선생님 〈청소년 행복연구실〉 / 교사와 학생 사이 〈하임 G. 기너트〉 여러분도 초등 교사가 될 수 있어요 〈김민오〉 / 너는 착한 아이야 〈나카와키 하쓰에〉 수업: 누구나 경험하지만 누구도 잘 모르는 〈이혁규〉 조선의 왕세자 교육 〈김문석, 김정호〉 / 풀꽃도 꽃이다 〈조정래〉		

내신성적

교과	1학년 1학기	1학년 2학기	2학년 1학기	2학년 2학기	3학년 1학기
국어	1	1	1	2	3
수학	4	4	3	2	3
영어	3	2	2	2	4
사회	1.5	2.5	2.3	2	2.3
과학	2	2			6
	1학년	2학년	3학년	전체	
전 교과	2.39	2.31	3.43	2.49	
계열 교과	2.47	2.05	3.17	2.46	

2018학년도 수시전형 지원대학 합·불 결과

대학명	전형명	모집단위	최저학력기준	합·불여부
동국대	학교장추천전형	교육학과	×	불합격
숙명여대	미래인재전형	교육학과	×	불합격
성신여대	학교생활우수자전형	교육학과	×	합격
성신여대	교과우수자전형	교육학과	×	불합격
서울여대	바롬전형	교육심리학과	×	합격
충북대	학생부교과전형	국어국문학과	3개영역 등급합 9	불합격

 합격포인트

Q1 성신여대 학교생활우수자전형 교육학과를 선택하게 된 이유는 무엇인가요?

A1 내신성적 위주로만 평가하는 학생부교과 전형은 저만의 생각과 진로의 특장점을 활용하기가 어렵다고 생각했습니다. 따라서 고교 입학 직후부터 자연스럽게 학생부종합전형을 지원하기로 마음 먹고, 1학년 때부터 논문읽기 대회 및 소논문 쓰기와 교육봉사활동 등 교내외 다양한 활동에 적극적으로 참여하였습니다. 특히 진로 분야와 직접적으로 연관이 없어 보이는 활

동들 역시 추후에 자기소개서 작성에 관심 분야인 교육으로 연결지어 스토리를 작성하는 데 매우 도움이 되었습니다. 특히 성신여대 학교생활우수자 전형은 면접이 40% 비중을 차지하고 있어 교과와 서류에서 부족한 부분을 충분히 만회할 수 있을 거라고 생각하여 지원하게 되었습니다.

Q2 최종합격에 결정적인 영향을 미친 요소는 무엇이라고 생각하나요?

A2 교육과 관련된 다양한 활동 경험을 바탕으로 저만이 가지고 있는 교육 신념과 앞으로의 제 진로계획을 덧붙여 자기소개서를 작성하였으며, 함께 진행해 나갔던 프로젝트나 소논문 같은 활동들을 설명할 때는 결과보단 그 과정에서 제가 직접 참여했던 부분을 강조해, 제가 고교시절 진로를 꿈꾸며 했던 노력들을 설명했습니다. 이러한 내용들이 면접관님들 눈에 띄어 면접 시 해당내용에 대한 추가질문을 받을 수 있었고 답변을 통해 더 저를 적극적으로 어필할 수 있었던 게 제가 합격할 수 있었던 핵심 키포인트라고 생각합니다.

학교 교육목표와 특색사업을 활용한 활동 특장점 분석

학교 교육목표	특색사업
수학학습에 어려움을 겪는 학생이 성공경험을 가질 수 있도록 수학 학습 지원시스템 구축	[수학나눔학교 운영] – 수학멘토링 프로그램 – 수학학습 성공경험 발표대회 – 수학일기 쓰기대회 – 창의적 수학 문제집 만들기 – 수학 독서 감상문대회 – 수학과 창의적사고 대회 – 수학 관련 캠프부스 운영 – 수학교사 스터디활동 지원

학생 진로 세부활동
* 수학나눔학교에서 매달 야외 원형교실에서 수학부스 운영 및 수학 관련 행사 스태프활동

일반고 교육력 제고를 위한 학교 간 혹은 단위학교에서 다양한 심화 및 진로선택 교과개설을 통한 진로탐색 및 진로역량 개발	[학교 간 공동교육과정 운영] – 교과교육과정 공동운영 세부계획 – 창의적 체험활동 공동운영 세부계획 [진로탐색 및 진로역량 개발 프로그램 운영] – 영어토론대회 – 논문발표대회

학생 진로 세부활동
논문읽기발표대회(은상)
'교육과 행복에 관한 인문학' 주제로 진로 관련 주제에 대한 이해도를 높이며 대중적 말하기
자신감 향상

다양한 지역사회 재생프로그램을 운영하여 학생들의 인성교육과 재능기부를 통한 공동체교육 실현	[청소년 도시참여프로그램] – 도시재생 자율동아리: 지역발전을 위한 청소년 참여 – 골목교육봉사단 자율동아리: 초·중학생 대상 멘토링 – 황금시대방송 자율동아리: 지역이슈 취재 및 홍보

학생 진로 세부활동
1학년~2학년–희망지역아동센터(초등학생대상 학습지도)
우리아이지역아동센터(다문화가정학생 대상 동화구연)

학생자치법정을 통한 올바른 민주시민의 성장과 학생들의 준법의식 향상 및 공동체생활 적응과 인권신장의 목적	[학생자치법정운영] – 자치법정 담당자 연수 후 학생자치법정 구성 – 학교규칙열람 및 긍정적 지도방안 마련 – 학생자치법정 직무 및 진행교육 – 모의 자치법정 실행 및 피드백

학생 진로 세부활동
1학년~2학년 – 교내학생자치법정에서 과벌점자의 변호인으로 참여, 다수의 재판에 참여하여 변론을 통한 재판의 분위기를 주도

자기소개서 사례

(자기소개서 1번) 고등학교 재학기간 중, 학업에 기울인 노력과 학습경험을 통해 배우고 느낀 점을 중심으로 기술

저는 평소 사회문제에 관심이 많아 시사 잡지 '유레카'를 구독하며 다양한 주제를 접하다가 입학 후, 친구들과 토론하며 생각을 나누고 싶어 교내 시사토론동아리인 'NIE'에 가입하였습니다. 매주 부원들과 여러 주제에 대해 토론하는 시간을 가질 수 있었고, 특히 저는 그중에서도 교육 분야에 초점을 맞춰 '인성교육 의무화'에 관한 기사에 대해 발표하였습니다. 그 후, 사회수업 중 선생님이 설명하시는 교육과정 변화에 대해 쉽게 이해할 수 있었으며, 인성교육진흥법 적용계획에 대한 추가 질문을 하며 심화 내용을 학습할 수 있었습니다. 2학년이 되어 사회문화 수행평가로 사회계층 분석을 하게 되었습니다. 저는 사회계층에 따른 빈곤 그래프를 분석하며 계층 불평등이 교육의 불평등으로 이어지는 현상에 대해 큰 안타까움을 느꼈습니다. 이후, 『괭이부리말 아이들』을 읽고 그래프로만 접했던 빈곤층 아이들의 교육에 대해 더 많은 관심을 가질 수 있었으며, 이를 계기로 봉사를 하며 만나는 저소득층 아이들을 위해 예체능과 독서토론 수업을 개설하는 등 전과는 다른 자세로 봉사에 임하게 되었습니다.

전문가 분석

자소서 1번	제목: 교내토론동아리를 통한 교육현안에 대한 관심과 실천		
	4번 수상경력	7번 창체활동	9번 독서활동
학생부 항목	• 1학년: 표창장(봉사부문) • 2학년: 표창장(봉사부문)	• 동아리활동(1학년: NIE): 시사논술잡지인 '유레카'를 꾸준히 구독하며 사회문제에 대한 관심과 특히 '학업스트레스 세계 1등인 우리나라' 주제로 토론	• 2학년(문학): 괭이 부리말 아이들 〈김종미〉

	• 봉사활동(2학년: 우리아이지역아동센터): 다문화 가정 아이들 대상으로 스토리텔링, 한글지도프로그램, 종이접기 및 미술놀이 등의 프로그램 진행
8번 교과세부능력 및 특기사항	
• 1학년(사회): 개인과 공동체 단원에 흥미를 보이며 인권과 인간존엄성 등 기본권에 대한 관심이 높음. • 2학년(사회문화): '사회계층구조 분석하기' 수행평가에서 논리적으로 분석 설명 및 사회계층과 빈곤과의 관련을 정확히 이해함.	
10번 행동특성 및 종합의견	
• 1학년(배려): 희망지역아동센터, 아동발달센터 방문하여 놀이활동, 동화구연, 상담활동을 통한 학교생활 적응에 도움. • 1학년(나눔): 아동발달센터 방문하여 다문화가정아이들에게 기초학습지도 및 상담활동을 함.	
전문가 총평	고교 입학 전부터 폭넓은 사회 시사이슈에 관심이 많으며 학생은 시사토론 동아리활동 및 사회문화와 문학교과 수업시간에 계층 간의 불균형이 결국 교육 격차로 이어지는 현상을 해소하는 데 관심을 가졌습니다. 결국 3년 동안 참여했던 지역 저소득층자녀들을 대상으로 단순한 교육봉사활동 외에 다양한 예체능교육 프로그램과 독서토론을 개설하여 '교육연구사'로서의 진로를 구체화한 경험사례는 특정교과 수업의 이론을 본인의 진로 관련 봉사현장에서 몸소 실천한 에피소드는 학업역량과 전공적합성 활동의 사례로 높은 평가를 받았다고 볼 수 있습니다.

 면접문항

(성신여대 공통질문) (제시문으로 동영상 'EBS 공부 못 하는 아이들' 출제)

Q (공통질문) 동영상을 바탕으로 국가수준 학력평가의 실행 목적은 무엇인지, 또한 잘 시행되고 있는지에 대해서 설명하시오.

Q (공통질문) 동영상 속 학생·학부모·교사의 입장 중 한 명의 입장에서 차등대우의 문제점과 그 해결방법을 설명하시오.

자기소개서 사례

(자기소개서 2번) 고등학교 재학기간 중 본인이 의미를 두고 노력했던 교내 활동을 배우고 느낀 점을 중심으로 3개 이내로 기술

4명이 한 조로 논문을 작성하게 되어 주제를 선정할 때 저는 당시 화제였던 영화 '귀향'을 떠올리고 위안부 문제를 주제로 할 것을 제시했습니다. 그중에서도 또래 청소년들이 바라보는 위안부 문제에 대해 탐구하기로 하였고 논문 제목은 '일본군 위안부 문제에 대한 청소년들의 인식'으로 결정했습니다. '귀향'뿐만 아니라 수요 집회에 관한 도서 '20년간의 수요일'도 참고하여 논문을 작성하였으며, 위안부에 대한 청소년들의 인식이 논문에서 가장 중요하기 때문에 500명의 중·고생들을 대상으로 설문조사를 진행하였습니다. 교육에 관심이 있는 저로서는 위안부 문제를 외교, 정치, 문화가 아닌 교육적 관점에서 바라보고, 설문지 문항 작성 시 위안부 정보의 습득 과정과 청소년들의 위안부 역사교육 만족도에 관한 질문을 추가하였습니다. 설문 결과 청소년들은 위안부 문제를 대중매체를 통해 접하는 것이 대부분이었고, 교과서로 접한 경우는 드물다는 사실을 확인할 수 있었습니다. 또한 현재 역사 교과서에는 위안부에 대한 정보가 매우 부족하다는 것을 알 수 있었습니다. 저는 조의 발표자를 맡아 위안부 문제를 청소년들이 어떠한 관점으로 바라보고 있는지에 초점을 맞추어 역사 교육이 가져야 할 가치관과 앞으로 위안부 문제가 교과서에서 어떻게 다뤄져야 하는지에 대한 대안 및 해결책을 중심으로 발표를 진행하였습니다. 논문 작성 후, 위안부 문제가 역사 교과서에서 지금보다 더 큰 비중을 가지고 필수적으로 다루어져야 한다는 생각이 들었으며, 위안부 문제는 동아시아의 역사적 외교적 관계성까지도 잘 나타내고 있으므로 동아시아사에서도 중요하게 다뤄져야 한다는 생각 또한 하게 되었습니다.

자소서 2번	제목: 논문 작성을 통한 역사인식의 전환과 역사교육 재정립		
	4번 수상경력	7번 창체활동	9번 독서활동
학생부 항목	• 1학년: 논문읽기발표 대회 (은상)	• 자율활동(1학년: 논문읽기발표대회): '교육과 행복에 관한 인문학' 주제로 발표 • 자율활동(1학년: 소논문쓰기): 소논문의 정확한 개념 및 작성 방법을 전문직업인 특강 수강 • 동아리활동(2학년: NIE): 진로 관련 기사 스크랩 발표시간에 '초등국정역사교과서 유신 및 위안부 내용 삭제 논란' 발표	• 2학년(과제연구): 20년간의 수요일 〈윤미향〉, 딸들의 위안부 〈김혜원〉, 일본군 위안부 문제의 책임을 묻는다 〈한국정신대문제대책 협의회〉
	8번 교과세부능력 및 특기사항		
	• 2학년(과제연구): '일본군 위안부에 대한 청소년들의 인식'을 연구 주제로, 한 학기 동안 프로젝트 수업을 진행하며 지역 청소년의 인식을 조사하기 위해 조원들과 설문지 작성 및 설문자료 현장 수집. 일본군 위안부와 관련된 시사 자료와 저서 등을 정리하며 위안부에 대한 바람직한 해결방안을 다양하게 서술함.		
	10번 행동특성 및 종합의견		
	• 2학년: 팀을 구성하여 활동을 진행할 때에 조원들의 의견에 귀 기울이며 가장 합리적인 결과를 도출하도록 분위기를 조성하여 좋은 결과물을 제출하며 유창한 언변으로 조리 있게 발표를 잘함.		
전문가 총평	1학년 때 참여한 논문 읽기 대회와 소논문 쓰기 특강을 통해서 전문적인 학술보고서 작성 요령을 2학년 과제연구 수업을 통해서 실질적으로 적용해 봄으로써 무엇보다 자신의 탐구역량을 어 필할 자기소개서 항목이라 볼 수 있습니다. 특히 관련 논문에 해당하는 철저한 참고문헌 조사 및 대규모 인원을 대상으로 진행한 설문조사 및 결과 분석을 통한 설득력 있는 발표를 하였습니다. 결국 위안부 관련 문제를 역사교육의 측면에서 해결점을 찾으려고 한 노력에서 진로 관련 잠재역량을 높이 평가할 수 있습니다.		

 면접문항

(성신여대 개별질문)

Q 자신이 꿈꾸며 만들어 가고픈 교실을 설명해 보세요.

Q 교사가 꿈이라고 했는데 그럼 이상적인 교사가 가져야 할 자질에는 무엇이 있을까? 또 본인은 어떤 교사가 되고 싶나요?

가천대학교_ 가천프런티어전형

모자봉사활동을 통해
간호사의 매력에 빠지다.

간호학과 / 전남 평준일반고 이○○

로드맵			
구분	1학년	2학년	3학년 1학기
자율활동	반장		약물오남용 보고서 일일 간호사 활동
동아리활동	수학 동아리		생물동아리 (이종장기 이식 토론)
봉사활동	모자 봉사활동(노인요양병원)		
진로활동			감염관리보고서 간호학 부스체험
진로독서	미생물의 힘 〈버너드 딕슨〉 면역의 의미론 〈타다 토미오〉 행복한 호주 간호사 〈김경은〉 건강한 삶을 위한 내 몸 공부 〈엄융의〉 백신의 덫 〈후나세 순스케〉		

내신성적

교과	1학년 1학기	1학년 2학기	2학년 1학기	2학년 2학기	3학년 1학기
국어	3	3	4	2	2
수학	2	2	2.5	3	2.5
영어	2	2	1	2	3
사회	3.5	2.5	3	4	
과학	2	2	3.6	2.6	3
	1학년	2학년	3학년	전체	
전 교과	2.3	2.1	1.9	2.58	
계열 교과	2.6	1.9	1.9	2.5	

2018학년도 수시전형 지원대학 합·불 결과

대학명	전형명	모집단위	최저학력기준	합·불여부
가천대	가천프런티어전형	간호학과	×	합격
순천향대	일반학생(교과)	간호학과	3개 합 10	불합격
인제대	의예 간호	간호학과	×	면접 불참
삼육대	SDA추천	간호학과	×	합격
중앙대	다빈치형인재	간호학과	×	불합격
조선대	일반전형(교과)	간호학과	2개 평균 5	합격

 합격포인트

Q1 가천대 간호학과 프런티어전형을 선택하게 된 이유는 무엇인가요?

A1 교과전형으로 대학을 가기에는 내신이 많이 부족하다고 생각해서 여러 전형을 알아보다가 가천대에는 내신과 면접 비율이 1:1인 전형이 있다는 걸 알게 됐습니다. 저는 면접에 자신이 있었고 자기소개서와 학생부를 간호학과에 맞게 만들었다고 생각해 프런티어전형을 선택하게 됐습니다.

Q2 최종합격에 결정적인 영향을 미친 요소는 무엇이라고 생각하나요?

A2 가천대 프런티어전형은 면접이 큰 비중을 차지한다고 생각합니다. 저는 학생부와 자소서에 맞춰 두어 달 정도 면접준비를 해왔고, 자신 있는 모습으로 면접을 본 게 면접관들에게 좋은 인상을 준 것 같습니다. 또 네이버 '수만휘' 카페에서 면접 후기를 찾아보며, 친구들과 가상면접을 연습한 것이 실제 면접에서 많은 도움이 됐습니다.

학교 교육목표와 특색사업을 활용한 활동 특장점 분석

학교 교육목표	특색사업
바른 인성과 기본 생활 습관을 겸비한 도덕인	[모자봉사단 활동] 어머니와 함께 요양병원 봉사활동 시행

학생 진로 세부활동
3년 동안 모자봉사활동에 참여하면서 고3 때 간호사 진로를 정하게 됨. 요양병원 어르신들이 단체로 감염에 잘 걸리는 것에 의문을 가지고 조사하면서 '면역력을 높이자!'라는 내용을 학급 게시판에 게시하여 백신만큼이나 중요한 건강관리의 중요성을 느끼고, 친구들과 함께 운동을 실시하면서 감염전문 간호사라는 구체적인 진로를 정하게 됨.
봉사 및 선행 표창장 수상함.

학교 교육목표	특색사업
글로벌 비전을 지닌 미래사회를 선도할 세계인	[아침 영어듣기활동] [독서토론활동 활성화] 발표력과 사고력 신장을 위해 교과별 독서토론 수업 강화 교과 간 융합을 위한 지역사회 탐구활동 실시

학생 진로 세부활동
영어듣기를 통해 영어 이해능력과 표현능력 향상시켜 영어 교사 희망
TED를 들으며 공부하면서 '우리 모두 정서적 응급처치 실습이 필요한 이유', '다가오는 항생제의 위기'라는 강연을 듣고 항생제에 대한 규제 및 대책 발표하고 캠페인 활동 실시
영어능력경시대회(2위)

자기 주도적 학습 생활화로 창의성을 갖춘 실력인	[멘토링 활성화] 학력수준에 따른 수준별 수업 [심화반 운영] 학년별 30명을 선발하여 심화교육 운영 [하이플러스 심화수업] 도교육청 지원교육 사업

학생 진로 세부활동
심화학습으로 "동물의 장기를 이용하는 이종이식이 정당한가?" 주제토론 후, 면역학 대학 강의를 듣고, 이종장기 이식의 현황과 전망 논문 읽음.
파스퇴르 탄저병 백신 발견 보고서를 작성하고 이후 지카바이러스와 모기 매개 질병에 맞선 비밀 무기 논문 읽고, 지카바이러스 전파 경로와 예방법, 소두증과 연관성 보고서 작성함.
수학독서퀴즈대회(2위)

소질과 적성을 계발하여 자아를 실현하는 자주인	[동아리활동 활성화] 주제 중심 동아리활동으로 나의 꿈 찾기 동아리 운영 [창의융합 학술행사] 지역사회 발표대회 및 소논문 발표대회

학생 진로 세부활동
동아리활동으로 약물 오남용 위험성 보고서 작성하고, 체육대회에서 일일 간호 스태프로 활동에 참여함. 간호사 직업인 멘토링 캠프 체험 후 자동 제세동기 사용법 및 심폐소생술 익힘. 이후 기숙사 친구가 쓰러져 119에 신고하고 아픈 친구 상태를 확인하고 구급대원에게 상황 보고하는 역할을 잘 수행함.
창의융합 학술행사로 '생활 속, 속마음 심리학에 관하여' 보고서를 작성하며 관찰과 따뜻한 말의 중요성을 알게 됨.

 자기소개서 사례

(자기소개 1번) 고등학교 재학기간 중, 학업에 기울인 노력과 학습경험을 통해 배우고 느낀 점을 중심으로 기술

바쁜 고등학교 시절, 어머니와 함께 하는 시간이 절대적으로 부족했던 제게

한 달에 한 번 어머니와 장애인 복지기관에 봉사를 하러 가는 시간은 아주 소중했습니다. 꾸준히 봉사활동에 참여하면서 60대 이상의 어르신들이 '추위를 잘 타시는 이유는 뭘까?', '감기에 잘 걸리는 이유는 뭘까?' 하는 궁금증이 생겼습니다. 생명 교과서를 통해 기초대사량이 부족하여 발생되는 열량이 적어서라는 것을 알게 되었습니다. 감기에 잘 걸리는 이유가 면역력이 약해서 그런 것인지, 예방접종을 받지 않아서 그런 것인지 궁금하여 '노년기 예방접종'에 대해서 알아보았습니다. 그런데 예방접종은 모두 비슷할 거라고 생각했던 제 생각과는 다르게 노인예방접종은 소아예방접종과는 접종 목적부터 다르고 노인 예방접종은 발병 예방률을 많이 높여주지 않는다는 점을 알게 되었습니다. 이렇게 연령층에 따라 예방접종이 다른 점이 많다는 점은 참 흥미로웠습니다. 그래서 친구들은 예방접종을 얼마나 자주 맞는지, 그리고 발병 예방효과는 얼마나 될지 궁금하여 설문조사를 실시했습니다. 예방접종을 한 학생이 약 55%(60명 중 34명)이고 이들 중 감기에 걸린 확률은 약 11%(34명 중 4명)였고, 예방접종을 하지 않은 학생들 중 감기에 걸린 확률은 약 23%(26명 중 6명)라는 것을 알게 되었습니다. 의외로 예방접종을 하지 않아도 감기에 걸리지 않는 건강한 친구들이 많다는 것을 알게 되었습니다. 그 친구들의 공통점을 조사해 본 결과, 그 친구들은 대개 잠을 12시 이전에 자며, 주로 규칙적인 생활을 한다는 점이었습니다. 이런 생활들이 면역력을 높이는 행동이라는 것을 알게 된 저는 에덴동산에 계신 할머니와 함께 산책을 하면서 규칙적인 생활을 하실 것을 말씀드렸습니다. 또 주기적으로 창문을 열어 공기를 환기시켜 드렸더니 병실의 공기도 깨끗해졌으며, 얼굴색도 전보다 좋아지셨습니다. 설문조사 이후 저는 면역력에 대해 궁금증이 생겨 kocw에서 '면역학' 강좌를 들으며 항원 항체 반응에 대해서 이해하고 적응면역의 정의에 대해 알아보았습니다.

자소서 1번	제목: 모자봉사활동을 통해 면역에 관심을 가지고 예방접종 설문조사 실시		
	4번 수상경력	7번 창체활동	9번 독서활동
학생부 항목	• 1학년: 표창장(봉사부문) • 1학년: 수리모둠활동시상(5인)/우수상(2위) • 2학년: 표창장(선행부문) • 2학년: 수리탐구력대회/동상(3위)	• 동아리활동: 1학년(과학자율동아리) • 3학년(생명토론자율동아리) 동물의 장기를 이용하는 이종이식이 정당한가? 주제토론, 면역학 대학강의 듣고 "이종장기이식의 현황과 전망" 논문 읽으며 반론에 잘 답변함. • 봉사활동: 모자봉사활동 3년(72시간) • 진로활동: 3학년(주제탐구활동으로 '예방접종과 질병의 발생 정도' 설문조사 실시)	• 1학년(과학): 미생물의 힘 〈버나드 딕슨〉 • 3학년(공통): 행복한 호주 간호사 〈김경은〉, 내 몸 공부 〈임융의〉, 백신의 덫 〈후나세 슌스케〉
	8번 교과세부능력 및 특기사항		
	• 3학년(독서와 문법): 'a형 인플루엔자가 사람에게 감염되는 경로'를 그림으로 정리해서 보고서를 작성함. '유전자 돌연변이의 종류와 발생하는 원인'에 대한 글을 읽고, 자연발생적 돌연변이와 외부에서 유입된 돌연변이원에 의한 발생을 잘 설명함.		
전문가 총평	어머니와 함께 3년간 꾸준히 활동해 온 요양병원 봉사활동을 통해 어르신들이 감기에 잘 걸리는 이유에 궁금증을 가지고 예방접종의 효과와 영향에 관한 설문조사를 실시하였습니다. 면역에 대한 전문적인 지식을 쌓기 위해 대학 강의까지 듣는 일련의 과정이 학생부에 잘 표현되었으며, 이를 구체적으로 자기소개서에 소개하여 좋은 평가를 받았으며, 3학년 때 간호사로 진로가 변경된 것에 긍정적인 평가를 받은 것으로 생각됩니다.		

 면접문항

Q 노인과 청소년 예방접종 효과의 차이점이 무엇인가요?

Q 예방접종 설문조사를 하게 된 이유에 대해 설명해 주세요.

(자기소개서 2번) 고등학교 재학기간 중 본인이 의미를 두고 노력했던 교내 활동을 배우고 느낀 점을 중심으로 3개 이내로 기술

3년 동안 학교에서 실시하는 여주모자봉사단으로 활동하면서 저는 도움이 필요한 아픈 사람들을 간호하는 것을 좋아한다는 것을 느꼈습니다. 간호로 진로 탐색을 하던 중에 병원에서 근무하는 간호사의 주삿바늘 재사용과 찔림 사고로 인한 감염이 심각하다는 기사를 읽고, 이런 사고를 예방하는 일을 하는 감염관리간호사라는 직업을 알게 되었습니다. 저는 자연스레 감염에 관심을 가지게 되었고 복지기관 내에 계신 어르신들이 상대적으로 독감에 더 빨리 걸리고 많이 전염된다는 것을 알게 되었습니다. 이후 인터넷을 통해 감염에 대해 알아본 결과, 감염은 주로 시설 내에서의 관리 부족, 예방법 준수 미흡 때문에 더 잘 일어난다는 것을 알게 되었습니다. 한때 메르스도 전염병에 대한 인식부족과 의심환자들의 안일한 생각으로 더 많이 확산된 것이라고 알고 있었기 때문에, 함께 봉사하는 사람들을 위한 전염병 예방교육이 있었으면 좋겠다고 제안하여 전염병 예방교육을 진행하게 되었습니다. 처음에는 사람들의 행동에 효과가 있을까 의구심을 가졌지만 기관 내의 사람들이 기침할 때 입을 소매로 막으시거나, 주변을 자주 환기시키는 모습을 보면서 제 작은 행동이 나비효과처럼 퍼졌다는 생각에 뿌듯함을 느꼈습니다. 이후로 교육의 중요성을 인식한 저는 평소에 관심이 있었던 '면역력의 중요성'을 알리기 위해서 학급게시판에 '면역력을 높이자!'라는 주제로 게시물을 게시하는 캠페인을 실시하여 친구들의 인식을 변화시키는 데 기여하였습니다.

자소서 2번	제목: 감염 관련 기사를 보고 감염을 줄일 수 있는 방안에 조사하여 캠페인 실시		
	4번 수상경력	7번 창체활동	9번 독서활동
학생부 항목	• 1학년: 표창장(봉사부문) • 1학년: 수리모둠활동시상 (5인)/우수상(2위) • 2학년: 표창장(선행부문) • 2학년: 수리탐구력대회/ 동상(3위)	• 봉사활동: 모자봉사활동 3년 (72시간) • 진로활동: 3학년(주제탐구활동으로 '예방접종과 질병의 발생 정도' 설문조사 실시하여 면역력의 중요성을 인식하고 '면역력을 높이자!'라는 게시물을 교내 게시판에 게시, 캠페인 실시)	• 3학년(공통): 면역의 의미론 〈타다 토미오〉, 내 몸 공부 〈임융의〉
	8번 교과세부능력 및 특기사항		
	• 3학년(생명과학II): 유행하는 감염성 바이러스인 지카 바이러스에 대한 관심을 가지고 '지카 바이러스와 모기 매개 질병에 맞선 비밀무기'라는 논문을 읽고, 지카바이러스가 퍼진 경로와 예방법, 소두증과 연관성에 대한 내용을 보고서로 작성 발표함.		
전문가 총평	과학동아리활동과 토론활동을 통해 궁금한 점을 해결하는 모습을 엿볼 수 있으며, 간호사 진로 탐색을 하던 중 주삿바늘 재사용과 찔림 사고로 인한 감염이 많다는 것을 인지하고 이를 효과적으로 대처하지 못한 이유를 조사하였습니다. 그리고 예방법의 중요성을 인식하고 '면역력의 중요성'을 친구들에게 알리기 위해 학급게시판에 게시하고 캠페인을 실시하여 인식변화를 이끌어낸 것과 음압병동의 기능과 효과까지 조사한 점 등을 학생부에 구체적으로 기술하고 이를 자기소개서로 작성한 것이 좋은 평가를 받은 것 같습니다.		

 면접문항

Q 음압병동이 무엇인가요? 왜 전염병을 예방하는 데 효과적인 것인가요?

Q 면역력을 높이자는 홍보물을 학급게시판에 게시한 후 학생들의 반응은 어땠나요?

경희대학교_ 네오르네상스전형

국가 경제의 활성화와 불황을 읽어내는 조세행정 사무원을 꿈꾸다.

세무회계학과 / 충북 평준일반고 최○○

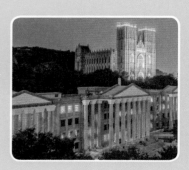

로드맵			
구분	1학년	2학년	3학년 1학기
자율활동	교내토론대회 "현행 우리나라의 최저임금은 개선되어야 하는가"를 논제	청렴실천 포스터 그리기	영어교과데이 조세행정사무원 소개발표
동아리활동	경제경영동아리		
		경영경제자율동아리	
		심리상담연구동아리	
봉사활동	희망가방 만들기	9988 노인의 날 행사	
	장애인 가공업체 봉사	정기적인 헌혈참여	
진로활동	직업의 세계 보고서를 작성 희망진로 연계	국세청, 조세박물관, 화폐박물관 견학	주제학습 튜터링으로 사회경제학에 대한 이해를 높임
진로독서	젊어지는 산수책 (거꾸로 먹는 나이) 〈김승태〉 유시민의 경제학 카페 〈유시민〉 맨땅에 회계 〈장성진〉 회사에 꼭 필요한 최소한의 수학 〈후카사와 신타로〉 자본에 관한 불편한 진실 〈정철진〉 세계 최고의 경영 사상가 50인 〈키애런 파커〉 국세청이 당신에게 알려주지 않은 세금의 진실 〈류성현〉		

내신성적

교과	1학년 1학기	1학년 2학기	2학년 1학기	2학년 2학기	3학년 1학기
국어	3	4	3	3	3
수학	1	3	3.5	2.5	2
영어	3	3	4	3	3
사회	1	1	2.7	2.7	2.3
과학	1	2			2.5

	1학년	2학년	3학년	전체	
전 교과	2.57	3.06	2.65	2.79	
계열 교과	2.66	2.9	2.57	2.75	

2018학년도 수시전형 지원대학 합·불 결과

대학명	전형명	모집단위	최저학력기준	합·불여부
충남대	프리즘인재전형	경제학부	×	합격
인하대	인하미래인재	경제학부	×	합격
중앙대	다빈치형인재	경제학부	×	불합격
경희대	네오르네상스	회계세무학부	×	합격
서울시립대	학생부종합	세무학과	×	불합격
한양대	학생부종합	경제학부	×	불합격

 합격포인트

Q1 경희대 회계세무학과를 선택하게 된 이유는 무엇인가요?

A1 사실 진로는 세무 쪽이 확고하지만 회계가 세무를 보다 포괄적으로 감싸고 있기 때문에 더 많은 것을 배우고자 선택했습니다. 성격상으로 회계세무가 적합한 면도 있었고 고등학교 과정 동안 세무를 접해 보면서 확고해지기 시작했습니다.

Q2 최종합격에 결정적인 영향을 미친 요소는 무엇이라고 생각하나요?

A2 최종합격에 있어 결정적인 요소는 면접이라고 생각합니다. 제시문 면접은 고등학교 교과 과정 내에서 출제되기 때문에 면접답변을 교과목과 연상시키려고 노력했습니다. 또한 교수님의 반론에도 제 뜻을 굽히지 않고 일관된 주장을 한 것이 큰 점수를 받았던 것 같습니다.

학교 교육목표와 특색사업을 활용한 활동 특장점 분석

학교 교육목표	특색사업
책임과 의무를 다하는 자율적인 자주인 육성	[T-UP DAY 프로젝트] - 명사초청강연 - 진로자율동아리 - 프로젝트 스터디 - 주제학습 튜터링

학생 진로 세부활동

나의 주장 발표대회 수상함.

진로역량 강화를 위한 자율동아리를 창설해 가상의 회사를 설립하여 사업계획서를 작성하고 부서를 나눠 동아리원을 배치해 운영함.

국세청과 조세박물관, 화폐박물관 방문함.

과목별 교과 day에서 후배들에게 수학을 지도함.

주제학습 튜터링을 통해 경영, 경제, 회계세무학과 교수님 강연을 경청함.

다국적 기업들의 조세 회피 실태와 이를 막을 해결책을 조사하며 국제적 조세 제도에 대한 관심을 가짐.

대통령 후보들의 조세정책 관련 공약을 주제로 기고문 작성함.

올바른 가치관을 가진 품격 있는 도덕인 육성	[T-UP DAY 프로젝트] - 지역사회이해교육, 다문화이해교육 - 통화인: 인문/문화예술교육

학생 진로 세부활동

우체국 문화반 활동을 통해 올바른 인성을 함양함.

청렴실천 포스터 그리기 대회에 참여해 직업인의 윤리의식을 배우고, 다문화 콘서트에 참여함.

정기 헌혈을 실천함.

노인의 날 봉사와 장애우들로 구성된 지역가공업체 방문 봉사함.

교내 상담동아리 외 wee클래스에서 진로진학 고민상담자로서 신망이 두터움.

창의적인 사고를 지니고 진취적으로 탐구하는 창조인 육성	[PROJECT STUDY] – 학생중심의 연구과제 수행 – 팀별 프로젝트 수행 – 학술제 및 발표회 개최 및 자료집 발간

학생 진로 세부활동

3년간의 경제경영동아리활동으로 전공적합성을 발전시킴.

독일의 국가경제 연구함.

담뱃값 인상에 대한 적절성 탐구함.

사회적기업의 경영방식 연구함.

경제경영신문을 이용한 북클럽 활동함.

학급 총무를 맡아 학급 관리에 최선을 다하는 성실함을 보임.

심신이 바르고 튼튼한 건강인 육성	[목련 품성인 양성] – 3행 3무 지도 – 그린포인트제, 옐로우 포인트제

학생 진로 세부활동

모범학생부문(효행상, 봉사상) 표창

학력상 표창을 통한 그린포인트 누적

교내 교과 경시대회에 다수 참여하여 우수한 능력을 뽐냄.

미래와 세계화를 시대를 이끄는 능력있는 실력인 양성	[PROJECT STUDY] – 대학과 연계된 프로그램 운영 – 학술논문 검색, 활용을 통한 역량 강화

학생 진로 세부활동
진로체험활동보고서 대회 금상 수상함.
사회과 윤리 올림피아드 대회 수상함.
"현행 우리나라의 최저임금은 개선되어야 하는가"를 논제로 토론 대회 참여함.

 ## 자기소개서 사례

(자기소개서 1번) 고등학교 재학기간 중, 학업에 기울인 노력과 학습경험을 통해 배우고 느낀 점을 중심으로 기술

모두가 끝이라고 했을 때 저는 끝나지 않았습니다. 동아리에서 담뱃세가 인상되기 전과 후로 나누어 진행해 온 두 번의 조사발표는 정책 실행 전과 후를 보는 귀중한 경험이 되었습니다. 인상되기 전에 소득분위가 낮을수록 흡연율이 높다는 자료를 통해 저소득층의 가계 부담에 대한 우려가 있었지만 반대로 흡연율 감소와 국민건강증진을 위한 예산의 확보 측면에서 긍정적 기대감으로 발표를 마무리하였습니다. 하지만 정책 시행 후의 조사에서 예산 중 흡연 질병 치료에 1.7%만이 사용되면서 담뱃세 인상이 '정부의 세수확보가 목적이 아니었을까?' 하는 의구심까지 들었습니다. 담뱃세 인상 논제를 한 번의 조사발표로 끝냈다면 실행 후의 문제점은 깨닫지 못했을 것입니다. 무언가를 배움에 있어서 문제만을 제기할 것이 아닌 그 문제에 대한 추적조사도 중요함을 깨닫게 되었습니다. 이런 자세로 경희대에 입학하여 하나의 논제에 끝없는 문제 제기로 사고의 폭을 확장하는 인재가 되겠습니다.

자소서 1번	제목: 문제에 대한 끝없는 문제 제기: 담뱃세 인상의 그림자를 추적 조사		
	4번 수상경력	7번 창체활동	9번 독서활동
학생부 항목	• 2학년: 교과우수상(사회) • 2학년: 진로체험활동보고서/금상 • 3학년: 사회과 윤리 올림피아드/장려상	• 동아리활동(1학년: 경제경영 동아리): '담뱃값 인상'에 대한 논제로 토론과 현실 경제에 흥미를 갖고 지식을 넓힘. • 진로활동(3학년): 주제학습 튜터링을 통해 경영, 경제, 회계 사무학과 교수의 강연을 듣고 사회경제학에 대한 이해를 높이고, 진로에 대한 방향성을 잡음.	• 1학년(사회): 유시민의 경제학 카페 〈유시민〉, 맨땅의 회계 〈장성진〉, 만만한 회계학 〈하야시 아쓰무〉
	8번 교과세부능력 및 특기사항		
	• 1학년(사회): 수업 내용을 일상과 관련지어 경제문제에 접근해 경제 현상의 원리를 발견하여 이를 경제생활에 적용. 합리적 소비 부분을 학습하는 과정에서 효용과 총효용을 고려하여 한계 효용을 비교함. • 2학년(확률과 통계): 경제연구소에서 사용하는 통계자료 등의 실생활 연계를 꾸준히 실행함. 수학보고서 작성 문제풀이 과정을 체계적으로 작성함으로써 문제에 대한 정확한 이해를 높임.		
	10번 행동특성 및 종합의견		
	• 1학년: 모든 일에 책임감을 갖고 적극적으로 참여하고 새로운 시도하기를 좋아하며 도전적이고 진취적임. 자료 관리와 같은 정확성을 필요로 하는 활동을 잘함.		
전문가 총평	학생의 세무 관련 학과를 지원하는 동기와 이를 위한 노력은 교과 지식을 기반으로 하여 다양한 참고자료를 활용하는 단계에서 그 학습의 깊이와 진로의 성장과정을 알아볼 수 있습니다. 이렇게 경제를 통해 조세 분야를 이해하며 학문 간의 경계에 국한되지 않는 포괄적인 사고를 할 수 있었던 것은, 학생의 조세행정 사무원이 되고자 하는 뚜렷한 목표의식에서 비롯되었다고 볼 수 있으며, 이는 학생부종합전형을 준비하는 많은 후배들에게도 귀감이 되는 사례라고 할 수 있겠습니다.		

 면접문항

Q 세무회계학과에 지원하게 된 동기를 말해 보세요.

자기소개서 사례

(자기소개서 2번) 고등학교 재학기간 중 본인이 의미를 두고 노력했던 교내 활동을 배우고 느낀 점을 중심으로 3개 이내로 기술

국민의 세금을 지켜주는 사람이 되고 싶습니다. 경제 동아리에서 다국적 기업의 페이퍼 컴퍼니를 이용한 조세 회피에 관해 탐구하면서 조세 회피처 1위로 알려진 케이만제도에 주목하였습니다. 법인세가 부과되지 않는 것을 이용하여 각국의 여러 기업이 페이퍼컴퍼니를 세워 조세를 회피하는 상황은 결국 자국민들의 세수에 영향을 줄 것이라 여겨졌습니다. 때문에 이런 각국의 세금 혜택으로 성장한 기업들의 윤리의식에 대해 비판을 하게 되었습니다. 비록 케이만제도 한 곳만을 조사했지만 이는 세법을 교묘하게 이용하는 하나의 사례에 불과하며 정직한 세금 납부는 기업적 윤리 의무이지만 기업의 이윤추구라는 기업의 목적 앞에 법의 사각지대가 생겼다고 생각합니다. 이런 사각지대를 찾는 CCTV와 같은 역할을 하는 것은 무엇일까? 그런 규제와 법은 어떤 것이 있을까? 꼬리에 꼬리를 무는 질문을 해보았지만, 동아리 부원들끼리 명확한 해법을 찾지 못했습니다. 이런 조세 회피의 대안에 대한 해법을 대학에 진학 후 더 깊게 공부해 보고 싶다고 생각했습니다.

전문가 분석

자소서 2번	제목: 조세 회피처 '케이만제도'로 알아본 세법의 사각지대, 기업의 윤리의식		
	4번 수상경력	7번 창체활동	9번 독서활동
학생부 항목	• 2학년: 진로체험활동보고서/금상 • 3학년: 겨울방학과제물(경제)/우수상 • 3학년: 창의수리사고력 한마당/은상	• 자율활동(2학년): 청렴실천 포스터 그리기 및 표어 만들기	• 2학년(경제): 살아있는 경제학 이야기 〈오형규〉, 자본에 관한 불편한 진실 〈정철진〉, 자본주의의 웃음, 자본주의의 눈물 〈손병락〉 • 2학년(미적분I): 회사에 꼭 필요한 수학 〈와 신타로〉

	• 동아리활동(3학년: 경제경영 동아리): 학문적으로 진로 바라보기를 통해 진로를 법, 경제 관점으로 바라보며 조세행정 공무원에 대해 다방면으로 이해함. • 진로활동(2학년): 국세청, 조세박물관 견학을 통해 경제 및 세무의 역사와 현재 집행 중인 세무 정책을 배움.	• 2학년(윤리와사상): Hi 마르크스, Bye 자본주의 〈강상구〉 • 3학년(공통): 국세청이 당신에게 알려주지 않는 세금의 진실 〈류성현〉

	8번 교과세부능력 및 특기사항
학생부 항목	• 2학년(경제): 경제 이해도가 높은 학생임. 경제신문을 읽고 관심 분야를 스크랩하여 현실경제 문제에도 관심이 많음. 환율 부분에 관심이 많고 이해를 잘 하며 친구들에게 알기 쉽게 설명해 주는 등 더불어 성장하는 모습이 인상적임. 자본주의에 관심을 많이 가지고 있어. 『자본주의의 웃음』, 『자본주의의 눈물』을 스스로 찾아 읽고 자본주의의 원리를 파악하기 위해 노력하는 모습에 깊은 감동을 받음. • 2학년(윤리와 사상): 법인세 조정, 신용카드 소득공제, 전기요금 누진세 등 세금 관련 사설을 정리하면서 세율의 변화가 국가경제에 미치는 영향을 파악함. 마르크스의 자본론에 관심을 가지고 『Hi 마르크스, Bye 자본주의』를 읽고 자본주의의 문제점을 지적함. • 3학년(심화영어독해): Visualization 활동에서는 정부의 다국적 기업에 대한 정책을 설명한 지문을 공부한 후 단순 해석을 넘어 다국적 기업의 조세 회피 실태와 이를 막을 해결책을 조사하며 국내뿐만 아니라 국제적 조세 제도에 대해 관심을 갖는 계기가 됨. • 3학년(생활과윤리): '세무사의 수임료 책정 문제', '세무조사의 문제점', '대통령 후보들의 조세정책 관련 공약'을 주제로 기사를 정리하고 자신의 생각을 작성함.
	10번 행동특성 및 종합의견
	• 2학년: 매일 아침 신문을 읽고 스크랩을 하며 법, 정치, 경제에 두루 통용되는 지식을 쌓고 자신의 생각을 정리해 사회의 전반적인 흐름을 이해하고 이를 여러 교과 분야에 응용하여 적용시킴.
전문가 총평	학생의 세무 관련 학과를 지원하는 동기와 이를 위한 노력은 교과 지식을 기반으로 하여 다양한 참고자료를 활용하는 단계에서 그 학습의 깊이와 진로의 성장과정을 알아볼 수 있습니다. 이렇게 경제를 통해 조세 분야를 이해하며 학문 간의 경계에 국한되지 않는 포괄적인 사고를 할 수 있었던 것은, 학생의 조세행정 사무원이 되고자 하는 뚜렷한 목표의식에서 비롯되었다고 볼 수 있으며, 이는 학생부종합전형을 준비하는 많은 후배들에게도 귀감이 되는 사례라고 할 수 있겠습니다.

 면접문항

Q 읽은 책 『국세청이 당신에게 알려주지 않은 세금의 진실』의 줄거리를 요약해 보세요.

아주대학교_ 학생부종합전형(ACE)

환경에 대한 지속적인 관심과 실천으로 국제기구(UNEP)진출을 꿈꾸는 국제환경 전문가

정치외교학과 / 강원지역 평준일반고 윤○○

로드맵

구분	1학년	2학년	3학년 1학기
자율활동	학급반장 독서퀴즈 영어멘토링활동	환경보호지킴이 영어멘토링 교내 순찰	
동아리활동	과학실험(MBL)	어울림(모의유엔)	
	라이온스(스포츠)	윤슬클럽(영어토론)	진로독서반
봉사활동	교내 자율 순찰		
		한국체육진흥회	
진로활동	직업체험활동 진로전문가 특강	인문학특강(진로) 영어발표대회참가 전국환경논술대회참가	진로특강 진로독서
진로독서	듀이: 세계를 감동시킨 도서관 고양이 〈비키 마이런〉 꽃들에게 희망을 〈트리나 폴러스〉 지도 밖으로 행군하라 〈한비야〉 침묵의 봄 〈레이첼 카슨〉 세계미래보고서 2045 〈제롬 글렌 외 2명〉 재미있는 외교관 세계 〈김민재〉		

내신성적

교과	1학년 1학기	1학년 2학기	2학년 1학기	2학년 2학기	3학년 1학기
국어	3	1	5	3	4
수학	3	2	2	2	3
영어	2	2	1	2	2
사회	5	4	3.75	4.25	3
과학	4	4	-	-	3
	1학년	2학년	3학년	전체	
전 교과	2.85	3	2.81	2.9	
계열 교과	2.59	2.93	2.81	2.79	

2018학년도 수시전형 지원대학 합·불 결과

대학명	전형명	모집단위	최저학력기준	합·불여부
중앙대	다빈치형전형	정치외교	×	불합격
카톨릭대	잠재능력우수자전형	국제학부	×	불합격
아주대	ACE	정치외교학과	×	합격
동국대	Do Dream	국제통상	×	불합격
숙명여대	숙명인재	정치외교	×	불합격
인하대	인하미래인재	정치외교	×	불합격

 합격포인트

Q1 아주대 학생부종합 정치외교학과를 선택하게 된 이유는 무엇인가요?

A1 제가 아주대 정치외교학과에 지원한 이유는 UNEP에서 환경보호를 위해 헌신하고 싶다는 제 오랜 꿈을 이루기 위해서입니다. 국제기구에서 환경문제를 해결할 수 있는 방안에 대해 각국의 사람들과 논의하며 다양한 방안을 강구하기 위해서는 국제 공용어인 영어에 대한 이해와 높은 수준의 회화 실력이 무엇보다 중요하다고 생각합니다. 저는 국제교류의 가치를 잘 이

해하고 있고 어학 공부에 대한 즐거움을 갖고 있습니다. 또한 저는 새로운 언어를 배움으로써 다른 문화를 가진 사람들과 소통하고 다양한 사람들과의 연대를 통해서 사회문제를 해결하고 성공적인 결과를 이끌어내는 것에 큰 보람을 느껴 왔습니다.

Q2 최종합격에 결정적인 영향을 미친 요소는 무엇이라고 생각하나요?

A2 처음에 자소서를 어떻게 써야 할지 막막하고 방향이 잡히지 않아 힘들었는데 자소서로 제가 전달해야 하는 내용과 자소서의 취지에 대해 알고 난 후, 자소서를 쓰는 데 큰 도움이 되었습니다. 처음부터 방향을 잘 잡고 자소서를 쓰다 보니 자소서를 완전히 뒤엎고 새로 써야 하는 일도 없어서 수시를 상향으로 넣고 정시를 준비해야 했던 저 같은 경우에는 안정된 기분도 들고 정말 좋았습니다. 면접에서는 침착하게 답변하고 간절하게 어필했던 게 많은 도움이 되었던 것 같습니다. 면접에서 합격에 대한 간절한 모습이 많이 보였던 것 같고 그런 모습이 최종합격에 결정적인 영향을 미친 것 같습니다.

학교 교육목표와 특색사업을 활용한 활동 특장점 분석	
학교 교육목표	**특색사업**
선·후배 간의 만남과 대화의 시간을 통해 공감의 장을 마련하고 사회 각계각층에서 활동하는 동문선배들의 모습을 거울삼아 진취적인 꿈을 키운다.	[동문과 함께하는 공감 프로그램] - 재경동문회 모교 방문 및 분야별 컨설팅 - 1~2학년 수도권 현장 체험학습 (직장탐방, 선배 특강)

학생 진로 세부활동
선배와 함께하는 진학상담을 통하여 학교생활에서 필요한 활동과 공부방법에 대해서 알게 됨.
변화하는 미래사회의 인문학 방향이라는 특강을 통하여 여성의 사회적 책임과 역할에 대해서 알게 됨.
찾아오는 직업 체험을 통하여 본인이 관심 가지고 있는 분야를 체험하고 실습함.

서로를 아끼고 배려하는 아름다운 학급분위기를 조성하고, 친구관계에서 불편했던 감정을 먼저 사과하고 감사하는 마음을 전달하는 계기 마련	[애플데이] – 사과, 감사의 편지 – 나에게 쓰는 편지 – 모든 학생들이 참여할 수 있도록 유도

학생 진로 세부활동
평소 환경 분야에 관심이 많아 '쓰레기 딱지 접어서 버리기 캠페인'을 진행함으로써 분리수거를 실천함.
점심식사 시간에 소외되는 반친구가 없도록 30여 명이 다 같이 급식소에 가서 점심 먹기를 통해 공동체의식과 리더십을 발휘함.

학교 체육교육 내실화에 기여하고 건강 체력 증진 및 활기찬 학교 분위기를 조성	[학교스포츠클럽 운영] 교내 스포츠클럽 대회 – 축제적 성격의 즐기는 문화 조성 – 협력 및 팀워크 강화

학생 진로 세부활동
교내 스포츠동아리인 라이온스를 통해 파트너십과 팀워크를 배우게 됨.
교내 체육행사를 기획하고 진행함으로써 친구들의 협조와 동의를 구하는 방법을 알게 됨.

본인이 관심을 가지고 있는 분야의 전문성 함양 및 종합적인 인성 형성을 위한 다양한 독서 교육 실시	[한걸음 독서활동] – 독서를 통한 전문성 확보 – 인문학적 소양 형성 – 내면의 지식 욕구 충족 및 내실화

학생 진로 세부활동
진로 독서반을 통해 국제기구종사자에 대한 꿈을 키우고 전문성을 확보하고자 노력함.
인문사회 독서 발표 및 토론을 통해 내면을 바라다 보고 마음의 양식을 쌓아나감.

자기소개서 사례

(자기소개서 1번) 고등학교 재학기간 중, 학업에 기울인 노력과 학습경험을 통해 배우고 느낀 점을 중심으로 기술

생활과윤리 교과에서 '환경윤리' 단원을 배우면서 환경문제에 대해 깊이 사고할 수 있었습니다. 환경에 대한 다양한 학자들의 견해를 배우면서 그동안 막연하게 생각했던 환경보호 대상의 범주에 대해서 정확하게 알 수 있었습니다. 요나스의 '윤리적 공백', 'ESSD(지속 가능한 발전)' 등의 개념을 배우면서 환경 보호를 위한 새로운 윤리의 필요성을 느꼈고, 『세계의 환경도시를 가다』를 읽으면서 지속 가능한 발전을 성공시킨 도시들의 사례를 찾아보고 그 사례들을 다른 도시에 적용할 수 있는 구체적인 방안에 대해서 생각해 보았습니다. 저는 항상 국제공무원이 되고 싶었습니다. 그 이유는 제가 국제교류의 중요성을 잘 이해하고 있고 어학 공부에 즐거움을 느끼기 때문입니다. 저는 새로운 언어를 배움으로써 다른 문화를 가진 사람들과 소통하는 것에 큰 가치를 느껴 교내 원어민 선생님과 자주 이야기하며 서로의 문화를 교류하였습니다. 또한 '정치', '경제', '사회' 등 다양한 분야에서 영어로 된 원서를 읽으면서 자연스럽게 어휘를 익히고 문장 독해력을 키웠습니다. 이러한 영어에 대한 관심으로 학급에서 또래 학습 스터디를 조성하여 친구들에게 영어에 대한 자신감을 키워주려고 노력했습니다. 친구들에게 알려줄 내용을 미리 공부하면서 제 자신도 잘 몰랐던 내용에 대해서 깊이 있게 공부하게 되었고 그 과정에서 지식을 나누는 즐거움을 느꼈습니다.

자소서 1번	제목: 국제기구 종사자로서의 의사소통 능력과 환경보호의 윤리성 탐구		
	4번 수상경력	7번 창체활동	9번 독서활동
학생부 항목	• 1학년: 학력향상상 • 교과우수상(영어1)	• 동아리활동(2학년: 어울림반): 모의유엔에서 뛰어난 의사소통 능력을 보이고, 각 나라의 입장을 논리적으로 대변함.	• 1학년(공통): 자연 밖으로 행군하라 〈한비야〉 • 2학년(공통):재미있는 외교관 세계 〈김민재〉
	8번 교과세부능력 및 특기사항		
	• 1학년(국어II): 교내 토론학교에 참가하여 교육부 장관 역할을 맡아 자신의 주장을 논리적으로 펼침. • 2학년(영어 I): 영어읽기, 듣기, 말하기, 쓰기 등 모든 방면에 다각도로 꾸준한 노력 보임. 영어 프레젠테이션 대회 참가, 영어 멘토링 • 2학년(윤리와 사상): 국제공무원 꿈을 이루기 위해 인격 수양을 하겠다고 다짐하며 윤리 의식 가짐.		
	10번 행동특성 및 종합의견		
	• 1학년: 국제공무원이라는 목표를 갖고 영어학습에 공을 많이 들임. 원어민 수준의 회화 구사 • 영어일기를 쓰며 작문 능력 향상 • 윤리와 사상을 공부하면서 향후 리더로서의 자질 향상		
전문가 총평	국제기구 종사라는 확실한 목표를 가지고 있고 이런 목표를 실현하기 위해서 국제 공용어인 영어에 대한 이해와 높은 수준의 회화 실력을 갖추기 위해서 노력하였습니다. 환경 분야에 대한 윤리적 성찰과정을 통해 자소서 1번에서 본인의 희망 분야에 대한 열정과 필연성을 밝히고, 영어 교과 역량 향상 및 연계 심화활동을 통해 좋은 평가를 받았다고 볼 수 있습니다.		

 면접문항

(아주대 정치외교학과 공통질문)

Q 서류에 영어를 잘한다고 써 있는데 영어를 잘하기 위해서 어떤 노력을 했나요?

Q 만약 본인이 UNEP에서 일하고 싶다는 꿈을 이루게 된다면 환경 문제를 어떻게 해결할 건가요?

자기소개서 사례

(자기소개서 2번) 고등학교 재학기간 중 본인이 의미를 두고 노력했던 교내 활동을 배우고 느낀 점을 중심으로 3개 이내로 기술

1학년 때 학급반장을 맡으면서 친구들과 '쓰레기 딱지 접어서 버리기' 캠페인을 진행했습니다. 작은 것에서부터 큰 변화가 생긴다고 생각했기 때문에 처음에는 그동안의 습관 때문에 딱지를 접지 않은 쓰레기들이 많이 나왔습니다. 하지만 포기하지 않고 딱지로 접혀 있지 않은 쓰레기가 있을 때마다 분리수거 부장과 함께 친구들에게 안내하였고 분리수거의 중요성을 깨닫고 환경보호 의식을 가질 수 있도록 환경 캠페인을 진행하였습니다. (중략)

2학년 때는 영어회화 동아리(윤슬)를 개설했습니다. 평소 저와 비슷한 나이대의 학생들과 함께 다양한 주제로 영어 토론을 해보고 싶었기 때문입니다. 원활한 영어 토론을 위해서는 수준 높은 회화 능력이 필요하기 때문에 저는 실력이 부족한 부원들의 영어 실력을 향상시키고 영어에 대한 자신감을 심어주고자 매 시간마다 가벼운 주제로 '영어 토론 및 영어 말하기'를 진행하였습니다. 또한 '영어로 물건 판매하기', '드라마 번역하기', '1박2일 영어캠프'와 같이 다양한 프로그램을 기획해 부원들이 재미있게 영어를 학습할 수 있도록 하였습니다. 그 결과 부원들의 영어 말하기 실력이 많이 향상되었고 '영어 토론', '영어 모의재판'과 같은 활동들에서 진지하고 자신감 있게 자신의 의견을 말하는 모습을 볼 수 있었습니다.

전문가 분석			
자소서 2번	제목: 희망 전공에 대한 활동 연계 및 확장		
	4번 수상경력	7번 창체활동	9번 독서활동
학생부 항목	• 2학년: 영어프레젠테이션 발표대회(3위)	• 자율활동(2학년: 환경보호):	• 1학년(인문): 리더의 조건 〈존 맥스웰〉

환경보호에 관심이 많아 분리수거, 1년간 복도 청소 • 윤슬Club(2학년 동아리): 동아리회장으로서 모의유엔, 여러 영어표현 배우기, 영어 토론, 모의재판 등 주도	• 2학년(국제): 유엔미래보고서 2045 〈제롬 글렌〉 • 2학년(외교): 재미있는 외교관 세계 〈김민재〉

8번 교과세부능력 및 특기사항
• 2학년(영어I): 영어 프레젠테이션 대회 참가. 영어 멘토링 • 2학년(영어II): 영어 조별 발표자로서 안정적인 어조로 발표 진행 및 내용 전달력 향상.

10번 행동특성 및 종합의견
• 2학년: 윤슬Club을 창설하여 영어 말하기 실력향상을 위해 체계적인 계획 및 원어민선생님을 찾아가 동아리 운영방식 논의함.

| 전문가
총평 | 자소서 2번은 전공적합활동 역량을 평가하는 것으로서 학생은 '쓰레기 딱지 접어서 버리기' 캠페인과 영어 회화동아리활동을 구체적으로 설명함으로써 소재의 선택도 주효했다고 봅니다. 학생의 미래지향적인 의지와 목표의 선명성은 충분히 어필이 되었지만 과연 그 목표를 이루기 위해 지금 현재 어떤 활동을 하고 있는지가 중요한데 학생으로서 실천 가능한 부분을 잘 선택하여 전공적합성과 미래 잠재력을 어필한 부분이 인상적입니다. |

 면접문항

(개별질문)

Q 제도적으로 환경을 개선하는 방법에는 무엇이 있을까요?

Q 현재 자신에게 가장 크게 영향을 미치는 제도가 무엇인지 말해 보고 만약 그 제도를 바꿀 수 있다면 어떻게 바꾸고 싶은지 말해 보세요.

경기대학교_ KGU학생부종합전형

소수의 불편함을 감싸 안는 공간건축을 희망하다.

건축학과 / 경북 평준일반고 황○○

로드맵			
구분	1학년	2학년	3학년 1학기
자율활동			학급부실장
동아리활동	봉사동아리 한센병환우장애우 돌봄	공학자율동아리 화학실험동아리	공학자율동아리
봉사활동		지역축제봉사활동 요양병원봉사활동	대학연계 희망전공학과 체험
진로활동	대학연계 희망전공학과 체험	희망전공학과체험 희망전공 관련 독후보고서	건축학과 연계 독서 후 주제발표
진로독서	물리학자는 영화에서 과학을 본다 〈정재승〉 디자인의 디자인 〈하라 켄야〉 건축 음악처럼 듣고 미술처럼 보다 〈서현〉 행복의 건축 〈알랭 드 보통〉 런던 디자인 산책 〈김지원〉 변덕주의자들의 도시 〈오영욱〉		

내신성적					
교과	1학년 1학기	1학년 2학기	2학년 1학기	2학년 2학기	3학년 1학기
국어	4	1	2	2	2.5
수학	3	3	2.5	2.5	3
영어	3	4	4	4	4
사회	6	5	5	5	
과학	1	3	2.7	3.7	3.3
	1학년	2학년	3학년	전체	
전 교과	3.15	3.2	3.33	3.25	
계열 교과	2.75	2.88	3.13	3.01	

2018학년도 수시전형 지원대학 합·불 결과				
대학명	전형명	모집단위	최저학력기준	합·불여부
경기대	KGU학생부종합	건축학	×	합격
경희대	네오르네상스	건축학	×	불합격
계명대	잠재능력우수자	건축학	×	합격
단국대	DKU인재	건축학	×	불합격
부경대	학교생활우수인재	건축학	×	합격
세종대	창의인재	건축공학(건축학)	×	불합격

 합격포인트

Q1 경기대 건축학과를 선택하게 된 이유는 무엇인가요?

A1 부모님의 권유로 자연스럽게 경기대 건축학과를 선택하게 되었습니다. 수많은 건축학과 대학 중 서울권 대학으로 진학하고 싶었으나 성적이 따라주지 않았습니다. 그래서 경기도 지역 중 역사가 깊고 규모가 큰 경기대에 지원하게 되었습니다.

Q2 최종합격에 결정적인 영향을 미친 요소는 무엇이라고 생각하나요?

A2 고등학교 3년 동안 희망학과와 관련된 활동을 하면서 생기부에 기록한 것이 가장 영향이 컸을 것이라 생각합니다. 면접질문에서 생기부에 적힌 학과 관련 질문이 많았는데 1학년 때부터 조금씩 더 구체화된 활동을 한다면 생기부를 봤을 때 더 노력했다는 것을 나타내 보일 것 같습니다.

학교 교육목표와 특색사업을 활용한 활동 특장점 분석

학교 교육목표	특색사업
전통적 여성상을 겸비한 현대적 생활인 (인성교육의 강화)	[징검다리 플래너 작성을 통한 좋은 학습 습관 만들기] [1학급 1브랜드 문화교육프로그램운영] 문학기행, 한글날기념행사, 독서토론대회, 학교신문제작

학생 진로 세부활동

언어문화 개선을 위한 사랑의 편지쓰기를 활동으로 소통과 공감의 힘을 기름.
교내 생활지도 동아리 일원으로 학교 규칙 준수에 모범을 보임.
질서지도와 안전사고 예방에 힘씀.
봉사동아리에 정기적으로 참여 한센병 환우 생활지원 활동을 함.

기초학력을 배양하고 학습지도 방법을 개선하여 학력을 신장 (발전적 학력신장)	[입시 변동에 탄력적 대응을 위한 교육활동] – 보충심화를 위한 방과 후 학교 – 자율학습 운영 – 대솔반 운영 – 교과 교실제를 통한 수준별 학습

학생 진로 세부활동

교과 성적의 향상을 통해 학력상과 교과 우수상을 수상함.
교내 학력경진대회에서 두각을 나타내는 실적을 보임.

특기, 적성 교육과 다양한 체험학습을 통한 창의성과 잠재력 개발 (창의성과 잠재력 개발)	[꿈과 끼를 계발하는 동아리활동] 75가지의 포상활동을 통한 자기계발 동기부여

학생 진로 세부활동
동아리 내에서 탐구 활동을 통해 보고서를 작성함.
이를 바탕으로 교내 탐구 발표 대회에서 수상함.

정보활용 능력을 배양하여 정보화 시대를 주도할 여성 (정보 문화를 선도하는 인재 육성)	[E-러닝형 국제교류 활동을 통한 세계시민의식 함양]

학생 진로 세부활동
지역대학 연계 전공체험을 통해 희망진로 성숙도를 보여 옴.
평소 전공진로와 관련한 독서활동과 자율동아리 창설을 통해 정보를 수집하고 이를 활용하는 능력을 배양함.
인근 지역의 지진 발생에 모티브를 얻어 내진설계에 취약성을 극복하기 위한 자체 실험 활동을 주도함.

 자기소개서 사례

(자기소개서 2번) 고등학교 재학기간 중 본인이 의미를 두고 노력했던 교내 활동을 배우고 느낀 점을 중심으로 3개 이내로 기술

동아리활동은 저에게 건축가라는 꿈에 흥미를 불어넣어 주었습니다. 건축학과를 희망하는 친구들과 함께 연간 프로젝트 활동으로 건축 분야에 대해 탐구하여 대회에 참가하기로 계획했습니다. 탐구 주제를 놓고 고민하던 중에 물리 선생님께서 트러스 구조에 대해 연구해 보는 것을 추천해 주셨습니다. 건축물에 트러스 구조를 사용하면 더 튼튼해진다는 정보를 얻고 자세히 알아보고자 '트러스 구조의 내구성과 실생활의 적용'이라는 주제로 탐구했습니다. 처음 트러스 구조에 대한 보고서의 개요를 짜고 탐구대회에 신청했으나, 전년도에 비슷한 주제로 탐구한 사례가 있어 주제 선정의 교체를 통보받고 한동안 연구 활동의 지속 여부를 두고 고민했습니다. 하지만 대회 수상이 목적이 아닌 탐구가 목적이었기 때문에 끝까지 해보자는 다짐을 하고 관련 서적과 백과사전을 찾아보며 트러스 구조의 정의를 조사했습니다. 라멘구조와 비교한 결과 트러스 구조가 경제적으로 더 튼튼하게 건물을 지을 수 있다는 것을 알게 됐습니다. 3학년에 올라와 이론적 학습만으로 충분치 않았던 트러스 구조의 내구성을 직접 실험해 보았습니다. 이를 위해 스파게티면으로 트러스 구조와 라멘구조를 만들었습니다. 똑같은 스파게티면의 개수로 두 구조를 만들어 추를 올려본 결과, 트러스 구조가 2배 이상 튼튼하다는 것이 육안으로도 확인이 가능했습니다. 트러스 구조가 내구성이 뛰어나다는 것을 실감했고 주위에 트러스 구조가 사용된 구조물에 관심을 가지고 관찰하게 되었습니다. 공사장의 가설 건축물과 고압선 철탑뿐만 아니라 외부 무대 장치 등 트러스 구조가 잘 보이도록 드러나 있었습니다. 이번 탐구를 통해 건축물은 외관상으로는 아름다움을 추구해야겠지만, 내부 구조에서는 입주 시 추가되는 시설과 거주자의 하중을 견디고 외부의 충격을 견딜 수 있도록 견고하게 만드는 것도 중요하다는 사실을 배우게 되었습니다.

전문가 분석

자소서 2번	제목: 꿈을 조립하기 위한 학교사용 설명서		
	4번 수상경력	7번 창체활동	9번 독서활동
학생부 항목	• 1학년: 탐구발표대회 과학기술부문/우수상	• 동아리활동(2학년: G.G): '트러스 구조의 내구성과 실생활의 적용'이라는 주제로 탐구 • 동아리활동(3학년: G.G): '내진설계와 내진구조의 종류 및 특징'을 주제로 보고서 작성	• 1학년(공통): 디자인의 디자인 〈하라 켄야〉 • 2학년(공통): 건축, 음악처럼 듣고 미술처럼 보다 〈서현〉, 예술을 꿀꺽 삼킨 과학 〈김문제〉

	• 진로활동(1학년: 지역대학 연계 전공체험): 진로에 대한 자신감을 북돋움.
	8번 교과세부능력 및 특기사항
	• 2학년(물리II): 정역학 실험이나 물체의 안정성 실험을 통해 자신의 꿈인 건축학과의 목표 달성을 위하여 노력하는 모습이 돋보임. • 3학년(독서와 문법): 건축에 관심이 많은 학생으로 지문에서 전이 공간의 개념을 잘 파악하고 공간의 형태에 따라 전이 공간이 어떻게 발생하는지에 대해 잘 이해함.
	10번 행동특성 및 종합의견
	• 2학년: 건축가를 꿈꾸며, 독서와 전공학과 체험에서 자신의 꿈을 확고히 함. 교내 동아리를 통해 진로에 대한 다양한 활동을 함.
전문가 총평	학생부의 우수활동 사례 중에 손꼽히는 것은 고교 생활 중에 관심을 가진 희망 전공 분야 활동을 꾸준히 발전시켜 온 사례일 것입니다. 학생의 자기소개서 2번 항목은 이러한 역량을 잘 보여주고 있는 사례라고 할 것입니다. 교과 지식을 바탕으로 탐구대회를 통해 심화활동을 계획하고 이를 위해 자료를 찾아 실험에 이르는 일련의 단계는 학교생활기록부상에서도 항목 간 연관성을 통해 진로성숙도를 보여주고 있습니다.

 면접문항

Q 한국적 건물을 보고 느낀 감정은 무엇인가요?

Q 교내 활동 중에서 기억나는 활동에 대해 이야기해 보고, 그 이유를 말해 보세요.

 자기소개서 사례

(자기소개서 3번) 학교생활 중 배려, 나눔, 협력, 갈등관리 등을 실천한 사례를 들고, 그 과정을 통해 배우고 느낀 점을 기술

정기적인 봉사활동은 건축가라는 꿈을 확신시켜주는 계기가 되었습니다. 저는 1학년 때 여러 가지 활동을 하면서 경험을 쌓고자 봉사동아리인 '심봉사'에 가입하였습니다. 한센병 환자분들이 계시는 곳에 가서 청소해 드리고 할머니, 할아버지들과 대화를 나누면서 좀 더 도움이 되고 싶다는 생각이 들었습니다. 그러나 동아리가 원활하게 돌아가지 않았고, 결국 한 번의 봉사활동으로 끝이

났습니다. 2학년이 되고 너무 아쉬운 마음에 개인적으로 봉사를 꾸준히 가야겠다고 결심했습니다. 요양병원에 매달 한 번씩 봉사활동을 하면서 몸이 불편하신 어르신들을 많이 뵈었습니다. 침대에서나 휠체어에 계시는 시간이 거의 대부분인 데다가 병원 한 층 안에서만 계시니 너무 불편해 보였습니다. 그래서 한 할머니의 휠체어를 끌어드리면서 병원을 돌아다니며 환자들을 배려한 구조가 있는지 찾아보았습니다. 병원에는 휠체어를 보다 안전하게 끌기 위해 문턱이 없다는 것을 알게 되었고 화장실 거울이 기울어져 있다는 것을 발견하였습니다. 병원에서 활용된 유니버설 디자인처럼 주택에도 유니버설 디자인을 사용하여 남녀노소 모두 살기 편한 집을 설계하고 싶어졌습니다.

전문가 분석

자소서 3번	제목: 사랑하면 비로소 보이는 것들		
	4번 수상경력	7번 창체활동	9번 독서활동
학생부 항목	• 2학년: 봉사상 • 3학년: 봉사상	• 자율활동(3학년): 학급부실장으로서 리더십을 가지고 모든 일에 앞장서 노력하는 모습을 보임. • 동아리활동(1학년): '심봉사'에 가입하여 한센병 환자 요양시설에서 봉사활동을 하며 장애인은 배려가 필요한 몸이 조금 불편한 이웃이라고 인식하게 되어 장애인 복지정책에 대해 배우는 기회가 됨.	• 1학년(공통): 물리학자는 영화에서 과학을 본다 〈정재승〉 • 2학년(공통): 행복의 건축 〈알랭 드 보통〉 • 3학년(공통): 보이지 않는 건축, 움직이는 도시 〈승효상〉
	8번 교과세부능력 및 특기사항		
	• 1학년(과학): 과학적 탐구력이 풍부하고 자료를 분석하고 수집하는 능력이 뛰어남.		
	10번 행동특성 및 종합의견		
	• 1학년(배려): 자신보다 남이 먼저라는 생각에 양보를 잘함. 교내 봉사동아리에서 정기적으로 봉사를 실천하며 봉사의 즐거움을 이야기함. • 2학년: 예의바르고 생각이 깊으며 신뢰할 수 있는 학생임.		

전문가 총평	봉사활동을 통해서 자신의 진로를 발전시키는 사례는 많습니다. 사회적 약자를 위한 봉사활동은 동기와 활동의 내용이 대부분 대동소이 합니다. 학생의 봉사활동이 이러한 사례와 차이가 있는 것은 단순히 돕는 것에서 그치지 않고, 사용자의 입장을 배려한 건축구조를 고민했다는 것입니다. 학생의 이러한 세심함이 자신의 디자인을 통해 사회에 헌신하고자 하는 모습으로 드러나고 있습니다.

 면접문항

Q 졸업 후 진로를 말해 보세요.

Q 우리 학과를 선택한 이유는 무엇인가요?

광운대학교_ 광운참빛인재전형

명확한 목표와 액션 플랜으로
심리학 교수를 꿈꾸는 차세대 심리학 전문가

산업심리학과 / 경기도 평준일반고 정○○

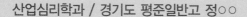

로드맵

구분	1학년	2학년	3학년 1학기
자율활동	학급반장 에듀클러스터 (심리학전공기초) 멘토멘티제	학급반장 에듀클러스터 (유아교육학 전공기초) 교내토론활동	학급반장 에듀클러스터 (유아교육학 전공기초) 교내토론활동
동아리활동	이웃집토토론(토론반)	귀인(사회적경제동아리)	Psysis(심리)창설
봉사활동	특수교육대상자 또래도우미	선행노인주야간보호센터	환경정화
진로활동	희망직업찾기 진학정보의 이해	진로목표 돌아보기 진로, 나만 말할 수 있는 이야기	나에 대한 이해시간 선배와 토크콘서트
진로독서	위험한 심리학 〈송형석〉 가끔은 제정신 〈허태균〉 스키너의 심리상자 열기 〈로렌 슬레이터〉 설득의 심리학 〈로버트 치알디니외 2명〉 현대 이상심리학 〈권석만〉 소년의 심리학 〈마이클 거리언〉 사랑의 매는 없다 〈앨리스 밀러〉		

내신성적

교과	1학년 1학기	1학년 2학기	2학년 1학기	2학년 2학기	3학년 1학기
국어	3	2	2	2	1
수학	3	3	1	3	2
영어	2	1	1	2	1
사회	1	2	2	2	2
과학	3	3	2	3	4
	1학년	2학년	3학년	전체	
전 교과	2.26	1.95	1.63	2.00	
계열 교과	2.36	1.83	1.45	1.93	

2018학년도 수시전형 지원대학 합·불 결과

대학명	전형명	모집단위	최저학력기준	합·불여부
중앙대	다빈치인재	심리학과	×	불합격
서강대	학생부종합(일반형)	사회과학부	3개합 6	불합격
아주대	ACE	심리학과	×	불합격
광운대	광운참빛인재	산업심리학과	×	합격
가톨릭대	학생부교과	심리학과	1개 3등급(영어제외)	불합격
삼육대	일반전형	심리학과	×	합격

 합격포인트

Q1 광운대 참빛인재전형 산업심리학과를 선택하게 된 이유는 무엇인가요?

A1 『설득의 심리학』이라는 책을 계기로 심리학에 관심을 갖게 되었습니다. 이후 관련 서적 탐독과 인터넷 조사를 통해 정보를 탐색하며 심리학을 공부하며 살고 싶다는 꿈을 키웠습니다. 그러던 중 고1 무렵에 에듀클러스터 심리학강의를 수강하여 심리학의 여러 연구 분야에 대해 알게 되었고, 심

리학이 매우 다양한 방향으로 사회에 녹아 있음을 깨달았습니다. 그리고 저는 이 매력적인 학문을 공부함으로써 사회발전에 이바지할 수 있을 것이라 확신했고, 서적탐독과 KOCW공개강의 등을 통해 보다 구체적인 방향성을 추구했습니다. 이 과정에서 저는 사회 속 절대다수의 사람들이 기업을 포함한 여러 조직에 속해 있으며, 따라서 산업 및 조직심리학의 연구는 사회발전에 매우 긍정적인 영향을 미칠 것이라 생각하게 되었습니다. 그리고 저는 이 결론을 직접 실천하고자 광운대 산업심리학과에 지원하게 되었습니다.

Q2 최종합격에 결정적인 영향을 미친 요소는 무엇이라고 생각하나요?

A2 학생부에 기반한 질문에 실제 자신이 경험한 일 혹은 생각을 바탕으로 대답한 것. 그리고 학생부를 여러 번 읽어보고 면접관 입장에서 눈에 띌만한 부분들을 사전에 파악해 질문에 대비한 것. 저의 경우는 진로희망사항에 심리학과 교수(발달심리전공)를 희망하는 이유를 세세하게 기재해 두었기에 관련 질문이 올 것이라 생각해 대비를 했고, 그 덕에 실제로 그 질문을 받았을 때 자연스럽게 대답하여 제가 진로와 관련해 깊이 있는 생각을 가졌음을 어필할 수 있었습니다. 내용적으로도 평소 자주 생각했던 부분이었기에 어느 정도 차별화된 대답이 가능했던 것 같습니다. 그리고 학생부에 기록되지 않은 종류의 진로 탐색 등도 합격에 영향을 미쳤을 것 같습니다.

학교 교육목표와 특색사업을 활용한 활동 특장점 분석	
학교 교육목표	특색사업
정규 동아리, 자율동아리 대표가 모여 대표할 임원 선출 및 동아리 홍보	[학생 중심의 동아리 조직 및 활동 활성화] – 총동아리 연합회 조직 – 동아리 발표 및 홍보 활동

학생 진로 세부활동

토론반을 통해 토론주제에 대해 철저히 조사하고 분석하는 능력을 향상시킴.

사회적 경제 동아리에서 EBS 다큐프라임 「자본주의」를 읽고 시장경제가 필연적으로 가져올 수밖에 없는 사회적 딜레마에 대해 탐구하고 분석함.

창의적 사고로 스스로 진로를 개척하는 기회를 부여	[자당면접] – 교사가 면접관이 되어 면접 – 전공별 이해 및 시연

학생 진로 세부활동

나에 대한 이해 시간갖기를 통해 자신의 적성과 흥미를 진지하게
탐색해 보는 시간을 가짐.

선배와의 토크 콘서트에서 선배들과 진솔한 대화를 통해 진로선택에 도움을 받음.

자소서 및 면접대비 수업을 통해 학종에 대한 이해와 더불어 고교생활을 정리해 봄.

창의성을 기르고 공동체의식을 함양하기 위해 학급별 영화제작	[학급별 자유주제로 영화제작] – 학급별 영화주제 – 개인별 역할 및 영상촬영 – 학교영화제 진출

학생 진로 세부활동

영화 「Inside Out」을 더빙하는 과제를 수행하면서 영화 자막을 익히고 배우의 대사를 듣고 따라하는 과정을 반복하면서 말하기 능력 향상을 키움.

매일 자기주도 학습실에서 아침 자습을 함으로써 기초 학력 향상을 도모	[가온누리 아침자습 프로젝트] – 학생회 주체로 가온누리 홍보 – 출석부 제작하여 자율적으로 체크

학생 진로 세부활동
가온누리 아침 자습을 학생회 주체로 홍보하여 많은 학생이 동참하게 함으로써 기초학력을 향상시킴.
수동적인 자습이 아닌 출석부를 자율적으로 체크하고 학습 계획을 수립하여 자기주도 학습능력을 향상시킴.

 자기소개서 사례

(자기소개서 1번) 고등학교 재학기간 중, 학업에 기울인 노력과 학습경험을 통해 배우고 느낀 점을 중심으로 기술

"노력하는 자는 즐기는 자를 이길 수 없다."

고1 학기말, 저는 단순암기와 문제풀이를 통한 영어학습에 한계를 느끼고 있었습니다. 단순히 학습효율이 낮다고 느꼈을 뿐만이 아니라, 희망진로 특성상 제게 영어는 교과목 이전에 평생 사용해야 할 언어인 만큼 최소한의 흥미도 느끼기 힘든 학습법을 유지하는 것은 장기적으로 손해가 되리라 생각했고, 새로운 학습법을 탐색했습니다. 그러던 와중 교내 영어더빙 수행평가에서 조원들과 함께 영화 「Inside Out」을 더빙하게 되었고, 그 과정에서 다양한 영문장들을 주인공의 의도와 상황에 맞춰 실감나게 표현하고자 노력하며 그저 암기하고 있던 문법지식들이 실제문장에 어떻게 적용되는지 이해하게 되었습니다. 또한 영어더빙을 통한 학습이 대화의 흐름과 요지 파악 능력 향상에도 효과적일 수 있고, 무엇보다 제 자신이 위의 과정에 흥미를 느꼈음을 깨달았습니다.

전문가 분석

자소서 1번	제목: 심리학 전문가로서 학업역량 강화활동 전개		
	4번 수상경력	7번 창체활동	9번 독서활동
학생부 항목	• 1학년: 교과우수상(사회) • 1학년: 교과우수상(실용영어 II)	• 자율활동(1학년: 에듀클러스터): 심리학 전공 기초참여 • 동아리활동(1학년: 토론반): 사형제도의 불필요성 • 진로활동(3학년: 토크콘서트): 선배와의 대화	• 1학년(실용영어I): Alice Adventures in Wonderland 〈Lewis Carroll〉 • 2학년(학습): 1만 시간의 법칙 〈이상훈〉
	8번 교과세부능력 및 특기사항		
	• 1학년(영어II): 영화 「Inside Out」을 더빙하는 과제에서 매우 실감나게 연기하며, 영어 더빙에 뛰어난 자질을 보임. • 3학년(영어독해와 작문): 수업시간에 활용한 수능지문 노트를 만들어 체계적으로 정리하고 자신의 방식대로 이해하고 분석함.		
	10번 행동특성 및 종합의견		
	• 1학년: 학습에서 학습 환경 관리가 뛰어나고 전체 과목에서 매우 우수한 성취도 보임. • 2학년: 학습 계획을 세워 성실히 공부하고 학습 습관이 잘 갖추어져 있음.		
전문가 총평	진로에 대한 명확한 의지가 있으며, 자아성찰 능력과 자기주도적 학습 능력이 뛰어나 대학과정을 충분히 소화해 낼 능력을 가지고 있습니다. 또한 행동에 대한 책임감, 신념 있는 태도를 갖추고, 평소 친구들에게 자주 공부를 가르쳐주며, 가르치는 과정에서 자신도 많은 것을 배운다고 생각해 매우 적극적으로 임하며 자소서 1번에서 어필해야 할 학업역량을 충분히 보여주고 있습니다.		

 면접문항

(개별질문)

Q 자기 자신에 대해서 소개해 보세요(진로의 전문성, 학업역량, 인성 등).

자기소개서 사례

(자기소개서 2번) 고등학교 재학기간 중 본인이 의미를 두고 노력했던 교내 활동을 배우고 느낀 점을 중심으로 3개 이내로 기술

　저는 고2 때 국어선생님께서 수업시간에 문학작품 속 인물들의 성향을 혈액형

에 연관지어 설명하신 것을 계기로 혈액형 성격설에 대한 의구심을 갖게 되었습니다. 이 유사과학이 대체 무엇을 근거로 삼고 있는지, 어째서 사람들은 이를 지지하는지에 대해 알고 싶어졌고, 자유탐구 수행평가의 주제로 '심리학에 관한 오해-혈액형 성격설'을 택해 인터넷 자료, 서적들을 통해 자세히 조사하였습니다. 그리고 그 과정에서 저는 혈액형 성격설의 비윤리적인 유래, 희박한 근거, 그리고 그럼에도 이를 지지하도록 만드는 여러 심리학적 원리들에 대해 알게 되었습니다. (중략) 저는 심리학에 관한 잘못된 상식들에 대해 알리고, 학우들에게 심리학에 대한 흥미를 북돋아주고 싶다는 생각으로 심리학 동아리 개설을 신청했습니다. 그러나 학생부에 제출하기 위한 동아리의 연간 계획표를 작성하기 시작했을 때, 저는 스스로가 얼마나 심리학에 대해 무지한지를 알게 되었고, 남에게 심리학에 대한 잘못된 상식을 바로잡겠다고 선언한 것이 부끄럽게 느껴졌습니다. 고3이 공부할 시간도 없는데 무슨 동아리를 만드냐는 주변의 말에 휩쓸려 동아리 개설을 포기할 뻔하기도 했습니다. 하지만 고등학교 진학 당시의 목표 중 하나이기도 했던 심리학 동아리활동을 그대로 포기하고 싶지는 않았고, 오히려 더 적극적으로 방법을 찾기 시작했습니다. 에듀클러스터 심리학 특강 때 알게 된 강사님들과 교내 상담선생님을 찾아 조언을 구하고, 관련 서적을 찾고, 인터넷으로 타 학교 동아리들의 활동 내역을 조사하며 학우들에게 최대한 많은 도움이 될 법한 활동들을 구상했습니다. 신생동아리의 고문이 되어주실 선생님을 찾고, 적극적인 홍보로 부원을 모집하였으며, 그 결과 27명의 부원을 확보한 정규동아리를 성공적으로 개설·운영할 수 있었습니다.

자소서 2번	제목: 심리학 교수에 대한 열망과 연계활동의 확장성		
	4번 수상경력	7번 창체활동	9번 독서활동
학생부 항목	• 2학년: 에듀클러스터표창(심리학기초부문)	• 자율활동(2학년: 심리학): 유아교육학 전공기초에 대한 모의수업계획안 작성 및 시연함. • 심리(3학년: Psysis 동아리): • 심리학 동아리로서 프로그램을 기획하고 홍보하여 주도적으로 이끌어 나감.	• 1학년(심리): 위험한 심리학 〈송형석〉 • 2학년(심리): 소년의 심리학 〈마이클 거리언〉 • 3학년(심리): 사랑의 매는 없다 〈앨리스 밀러〉
	8번 교과세부능력 및 특기사항		
	• 2학년(고전): 수행평가 '심리학과 관련된 오해'−혈액형 성격설이 과학적으로 근거가 없으며 인종 차별적인 사상을 내포한다는 진정성 있는 내용을 발표함.		
	10번 행동특성 및 종합의견		
	• 1학년: 뚜렷한 진로의식을 가지고 심리학을 전공하여 사람들에게 정서적 안정감을 주고자 노력함.		
전문가 총평	심리학과에 대한 명확한 목표가 설정되어 있으며, 심리학에 대한 커리큘럼 및 전문적인 지식을 축척해 나가는 데 열중할 정도로 심리학에 고취되어 있는 학생입니다. 자소서 2번에서 어필되어야 할 전공적합성 항목에 심리학 연계 활동 경험과 탐구 활동은 학생이 성공적인 대학 생활을 할 수 있다는 믿음을 갖게 하였고, 광운대 산업심리학과의 인재상과 부합되는 논리 전개를 통하여 좋은 평가를 받은 것으로 볼 수 있습니다.		

 면접문항

(개별질문)

Q 진로희망에 발달심리전공이라고 쓰여 있네요. 보통 남학생이 발달심리에 관심을 갖는 경우가 많지 않은데 이쪽에 관심을 갖게 된 계기나 이유가 있나요?

Q 동아리활동이 흥미롭네요. 이 동아리에서 한 활동 중 특별히 기억에 남는 게 있나요?

국민대학교_ 국민프런티어전형

전공 분야에 대한 열정과 동아리 활동을 통해 게임 프로그래머를 꿈꾸는 차세대 소프트웨어 전문가

소프트웨어학부 / 경기도 경민고 권다은

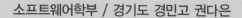

로드맵			
구분	1학년	2학년	3학년 1학기
자율활동	학급미화부장 효도클럽활동 영어멘토링활동	멘토링 프로그램 참여 학급조경관리사 교내 스포츠(K리그)단장	게임제작 및 발표 학급종교부장 선플달기 캠페인 활동
동아리활동	경배와 찬양반	페르미온(과학탐구)	
			아두이노(소프트웨어)
봉사활동	교과 멘토링		
			선플달기
진로활동	탐구보고서(온라인게임이 미치는 영향 탐구) 의정부지역 진로체험캠프	과학탐구대회참가 탐구보고서(컴퓨터게임과 관련한 인공지능과 가상현실 의 미래가능성)	대한민국 창의과학축전참가 2017 삼성전자 주니어 소프트웨어 창작대회
진로독서	인공지능이야기(성냥갑으로 재미있고 쉽게 배우는) 〈모리카와 유키히토〉 바둑으로 읽는 인공지능 〈감동근〉 안녕 D 〈김정철〉 철학 과학기술에 말을 걸다 〈이상헌〉 컴퓨터게임의 윤리 〈미구엘 시카트〉 프로그래머 수학으로 생각하라 〈유키 히로시〉 윤성우의 열혈 C프로그래밍 〈윤성우〉 팟캐스트 나는 프로그래머다 〈임백준 외 2명〉		

교과	1학년 1학기	1학년 2학기	2학년 1학기	2학년 2학기	3학년 1학기
국어	4	4	3	3	4
수학	3	2	2.5	4	4
영어	3	2	3	3	3
사회	3	4	5	5	
과학	3	3	3	3.5	4
	1학년	2학년	3학년	전체	
전 교과	3.2	3	3.3	3.35	
계열 교과	3.25	2.75	3.3	3.21	

2018학년도 수시전형 지원대학 합·불 결과

대학명	전형명	모집단위	최저학력기준	합·불여부
국민대	국민프런티어	소프트웨어학부	×	합격
광운대	광운참빛인재	정보융합학부	×	불합격
세종대	창의인재	컴퓨터학과	×	합격
명지대	학생부종합전형	디지털콘텐츠디자인학과	×	합격
성신여대	학생부종합전형	정보시스템공학부	×	합격
한국성서대	일반학생	컴퓨터공학과	×	합격

 합격포인트

Q1 국민대 프런티어전형 소프트웨어학부를 선택하게 된 이유는 무엇인가요?

A1 고등학교 입학 전부터 컴퓨터 게임 프로그래머가 되겠다는 목표를 갖고 있었습니다. 대학도 그 꿈을 이루는 단계 중 하나의 과정이었고, 그래서 공부할 때 컴퓨터 관련 학과를 목표로 공부했습니다. 그리고 저는 목표가 뚜렷했기 때문에 지원 동기를 명확하게 어필할 수 있었습니다.

막상 고3이 되니 성적, 학생부 등을 고려하게 되면서 대학 선택에 어려움을 갖게 되었습니다. 고3 여름방학 때 매일매일 대학 홈페이지에 들어가 컴퓨터 관련 학과를 찾아 본 후, 게임 프로그래머의 꿈을 이루는 데 도움이 되는 교육과정을 알아보며 학교를 선택하게 되었습니다. 국민대는 1,2학년 때 프로그래밍의 기초를 배우고, 3학년 때 프로그래밍 관련한 다양한 분야들로 세분화되는 교육과정에 매력을 느껴 이 학교를 선택하게 되었습니다.

Q2 최종합격에 결정적인 영향을 미친 요소는 무엇이라고 생각하나요?

A2 확실한 목표를 갖고 있었던 점이 최종합격에 큰 영향을 미쳤다고 생각합니다. 고등학교 입학 전부터 컴퓨터 게임 프로그래머라는 꿈을 갖고 있었고, 프로그래머가 되기 위해 필수적으로 해야 하는 프로그래밍의 기초 C언어를 공부해 오고 있었습니다. 고등학교 친구들과 함께 프로그래밍을 공부해 보고 싶다는 생각에 자율동아리를 만들어 프로그래밍 관련 활동을 해왔고, 혼자 게임도 만들어 친구들에게 발표해 보는 등 제 꿈과 관련된 활동들을 학교에서 많이 하게 되었습니다. 그 결과 생기부에 대학에서 요구하는 전공 적합성으로 가득 채울 수 있었습니다. 프로그래머라는 꿈을 이루는 데 도움이 되고자 책을 많이 읽으면서 지식을 쌓게 되니 자소서와 면접 준비도 수월하게 할 수 있었습니다. 확실한 꿈을 갖게 되니 대학을 가고자 하는 동기부여도 생기게 되고, 생기부도 더욱 알찬 내용들로 가득 차 대학에서 원하는 요구사항을 다 충족할 수 있게 되어 합격으로 이어지게 된 것 같습니다.

학교 교육목표와 특색사업을 활용한 활동 특장점 분석

학교 교육목표	특색사업
과학 관련 활동과 과학 창의과제 연구 (프로젝트학습)를 통하여 심화 탐구활동 학습을 구현하며, 21세기형 창의적인 인재 육성	[과학인재육성 프로젝트] – 수준별 과학 창의 과제 연구 – 과학 창의 관련 발표 및 행사 – 체험 및 탐구활동

학생 진로 세부활동
온라인 게임이 미치는 영향 탐구보고서를 작성하여 게임의 부정적 영향과 긍정적 영향을 파악하는 데 있어 다양한 정보 및 원천을 활용함.
의정부지역 진로 캠프에 참여하여 평소 관심 분야인 컴퓨터공학에 대한 자료를 수집하고 연구함.

단 한 명의 학생도 포기하지 않는 책임교육 실현을 위해 모든 학생들이 고등학교 교육 과정 이수를 위한 최저 수준의 기초 학력을 갖추게 한다.	[기초학력향상 프로그램] – 또래 멘토링 활동 – 선배 멘토링 활동 – 교사 멘토링 활동 – 기초반 방과후학교

학생 진로 세부활동
멘토링 프로그램을 통해 2명의 학급친구의 멘토로 활동하면서 친구들에게 가르쳐주는 것이 아닌 도와주면서 함께 배워 나감.
수많은 멘토멘티 중에 우수 또래 학습 멘토링으로 선발되어 학교봉사 시간으로 인정받게 됨.

교과수업과 비교과 활동에서의 영어독서 확산을 통한 의사소통능력 및 배움의 실제적 유용성 제고	[교과–비교과가 연계된 영어독서교육] – 영어도서 열람체계 구성 – 영어교과수업 재구성 – 영어독서 멘토링 봉사 활성화 – 심화된 영어독서 활동 전개

학생 진로 세부활동
영자독서 멘토링 봉사에 참여하면서 상대방의 입장을 배려하며 소통하려고 노력해 나감.
자신이 영어독서시간에 배운 맥락적 추론, 관심에 맞는 영어독서 선택 등을 멘티에게 친절히 조언하며 멘티의 영어독서 몰입을 이끌어냄.

기독교 교육을 통해 예수그리스도의 사랑과 봉사의 삶을 성실히 수행하여, 삶의 진정한 가치와 보람을 향유하는 유능한 사람으로, 세상의 소금과 빛의 사명을 다하는 인재 육성	[기독교 신앙을 통한 전인교육 프로그램] – 실천 위주의 인성 계발 및 일반화(예배) – 지역 교회 및 유관기관 연계한 멘토링 – 명사 및 문화사역자 초청 – 인성교육을 위한 공동체 훈련

학생 진로 세부활동

경배와 찬양반동아리에서 예배 전 찬양을 인도하며 특송을 준비하는 찬양팀 싱어로 활동하며 Live공연에서 필요한 음악적 센스를 익히게 됨.

지역아동복지센터에 방문하여 학습 도우미 및 찬양과 율동을 가르치고 섬기며 세심하게 챙김.

1인 1역 활동에서 종교반장이라는 본인의 역할이 있음에도 지원자가 없었던 학급조경관리사에 지원하여 학급의 화분을 관리함.

 자기소개서 사례

(자기소개서 2번) 고등학교 재학기간 중 본인이 의미를 두고 노력했던 교내 활동을 배우고 느낀 점을 중심으로 3개 이내로 기술

첫 작품인 '친해지는 숫자왕'과 '모험왕 부엉이'는 선플 달기 봉사활동 중 '3D 캐주얼 액션 게임'을 하면 해마가 성장하고 뇌가 활성화된다는 기사를 보고 유아들의 뇌 활성화를 위해 기획하고 만든 게임입니다. 먼저 C언어의 IF문을 이용해 컴퓨터가 지정하는 숫자를 맞추는 '친해지는 숫자왕' 게임을 만들었습니다. 이후 '리니지 2'를 통해 알고 있던 'Unreal Engine'이라는 게임엔진을 이용해 '친해지는 숫자왕'에선 사용하지 않았던 이미지들을 사용해 아이들이 더욱 재미있게 하도록 유도하는 '모험왕 부엉이'를 만들었습니다. '모험왕 부엉이'는 슈퍼마리오와 같은 캐주얼 액션 게임을 참고한 것으로, 부엉이가 움직이는 나뭇가지를 타고 위로 높이 오르는 것이 목표입니다. 하지만 처음 만든 결과물이 어색해서 무엇이 문제인지 고민하면서 게임 기획 블로그들을 보며 원인을 찾으려 노력한 결과 캐릭터 특성 설정에만 초점을 맞춘 것이 문제였음을 알게 되었습니다. 그 결과 캐릭터뿐만 아니라 배경 하나하나가 구성요소라는 것을 알게 되어 게임 속 구름, 나뭇가지, 아이템에 특정값을 부여했습니다. 이후 움직임이 더욱 섬세해졌으며 랜덤 설정과 같은 처음 기획했던 것 이상의 성과를 낼 수 있었습니다. 이를 통해 주인공뿐만 아니라 건물 각도, 배경음악 등도 염두에 두는 영화감독처럼 개발자도 캐릭터, 주변배경들까지 고려하는 연출자란 것을 알게 되면서 주변상황도 돌아보며 현명하게 개발하는 프로그래머가 돼야겠다고 다짐했습니다.

전문가 분석

자소서 2번	제목: 소프트웨어 동아리활동을 통해 게임개발 및 컴퓨터 심화활동 진행		
	4번 수상경력	**7번 창체활동**	**9번 독서활동**
학생부 항목	• 1학년: 희망전공 분야 주제탐구보고서(동상) • 2학년: 과학탐구대회(은상)	• 동아리활동(2학년: 과학탐구): LED센서 출력 프로그램 개발 • 동아리활동(3학년: 소프트웨어): 아두이노를 활용하여 드론 제작	• 1학년(컴퓨터): MT컴퓨터공학 《예홍진》 • 2학년(컴퓨터): 컴퓨터게임의 윤리 《미구엘 시카트》 • 3학년(프로그램): 프로그래머 수학으로 생각하라 《유키히로시》
	8번 교과세부능력 및 특기사항		
	• 1학년(생활과윤리): 과학기술윤리 단원에서 인간의 존엄성이 연관되고 이를 고려해 게임 개발의 방향성 설정(게임 중 예방 프로그램 연구 계기)		
	10번 행동특성 및 종합의견		
	• 1학년: 컴퓨터에 관심이 많고 프로그래머라는 진로 설정		
전문가 총평	고교입학 전부터 게임 프로그래머라는 목표를 가지고 있었고, 그 꿈을 이루기 위해 컴퓨터와 소프트웨어에 대한 학습과 교내 각종대회에 참여하여 전공에 대한 지식과 이해도를 확장 심화시켜 나갔습니다. 전공독서 토론동아리 '공돌이'를 창설하여 프로그래밍과 로봇 관련 연구동아리 회장을 맡아 리더십과 전공을 심화시키고자 노력했으며, 아두이노라는 동아리에서 아두이노를 이용한 드론을 제작하여 코딩에 대해 스스로 배우고 시도하는 능동적 모습을 보이는 등 희망전공에 대한 활동의 선명성을 높이기 위해 노력함으로써 전공적합활동성 분야에서 좋은 평가를 받았다고 볼 수 있습니다.		

면접문항

Q 본인이 만든 게임이 무엇인지 설명해 보세요.

Q 아두이노를 이용해 드론 만드는 동아리에서 무슨 활동을 했는지 구체적으로 설명해 보세요.

 자기소개서 사례

(자기소개서 4번) 전공 지원동기와 고등학교 재학 기간 중 지원 분야의 진로탐색을 위해 도전한 경험에 대해 기술

C언어를 공부하던 중 기존 독학 책들은 문법만 나와 있고, 프로그래밍을 위한 창의적인 문제해결 능력을 기르기엔 턱없이 부족하다는 생각이 들었습니다. 이 문제를 해결해 줄 수 있는 소프트웨어학과 커리큘럼을 조사하던 중 국민대 소프트웨어 학과 교과과정 중 트랙제가 있다는 것을 알게 되었습니다. 그 중 '미디어, 엔터테인먼트 트랙'에 매력을 느끼고 특히 '게임소프트웨어' 과목을 전문적으로 공부해 보고 싶은 욕구가 생겼습니다.

애초에 인공지능과 가상현실에 관심이 있어 게임과 관련된 인공지능과 가상현실의 윤리 및 미래 가능성을 주제로 주제 탐구보고서를 작성했습니다. 특히 '알파고'로 유명해진 인공지능에 더욱 흥미를 가지게 되었고, 나아가 게임 속 AI에 관심이 많아졌습니다. 3학년 때 '스타크래프트 리마스터' 관련 기사를 본 후 기존 '스타크래프트'와 비교하는 보고서를 쓰며 AI의 난이도 설정에 대해 언급하게 되었습니다. 이를 통해 현재 게임 개발 추세에 AI가 빠지지 않는다는 것을 깨닫고 'lol', '히어로즈 오브 더 스톰' 등 다른 게임들도 숙련된 유저들에게 밀리는 초보자 유저들에겐 다양한 난이도의 AI가 더욱 필요함을 느꼈습니다. 그래서 국민대 소프트학과에 입학하면 '미디어, 엔터테인먼트 트랙'과 함께 '빅데이터, 머닝러신 트랙'에 함께 참여하여 코딩 공부와 함께 '인공지능', '정보검색과 데이터마이닝'을 이수할 것입니다. 이후에 '슈퍼마리오'와 같은 게임 속 몬스터에 AI를 설정하고 데이터마이닝으로 유저들의 행동을 예측해 유저들에게 맞는 다양한 난이도를 설정해 유저들이 쉽게 지루함을 느끼지 않는 게임을 만드는 것이 목표입니다.

전문가 분석

자소서 4번	제목: 희망 전공에 대한 진로 탐색과 활동 강화		
	4번 수상경력	7번 창체활동	9번 독서활동
학생부 항목	• 1~2학년: 진로탐색대회 (장려상) • 3학년과학능력평가대회(금상)	• 자율활동(2학년: 전공독서토론동아리): 프로그래밍&로봇연구 동아리회장, 자연과학 주제로 소논문 제작 • 진로활동(1학년: 진로탐구): '온라인 게임이 미치는 영향에 대한 탐구' 주제로 발표 • 진로활동(3학년: 대회참가): 2017 삼성전자 주니어 소프트웨어 창작대회에 '청모'라는 게임으로 참가	• 1학년(컴퓨터): 성냥갑으로 재미있고, 쉽게 배우는 인공지능 이야기 〈모리카와 유키히토〉 • 2학년(컴퓨터): 바둑으로 읽는 인공지능 〈강동근〉 • 3학년(프로그램): 생활을 변화시키는 사물인터넷 IoT 〈Michal Milter〉
	8번 교과세부능력 및 특기사항		
	• 2학년(확률과 통계): 수업내용을 통해 프로그램에 관련된 책을 읽으면서 변수라는 개념을 이해함. • 2학년(영어1): 영어 비디오 클립을 보고 전투비행기를 제작하여 최고의 작품으로 인정받음.		
	10번 행동특성 및 종합의견		
	• 2학년: 전공독서동아리(공돌이)를 통해 정기적으로 토론함.		
전문가 총평	고교입학 전부터 게임 개발에 관심이 많았던 학생이었기에 재학 중 코딩대회와 소프트웨어 창작대회에 참가하여 게임 기획 및 코딩 실력을 쌓았고, 과학창의축전 참가, 공동이 창설, 동아리 내 아두이노 관련 IT 팀 구성 등과 같은 활동을 하며 4차 산업기술에 대한 지식을 넓히고 컴퓨터 능력을 향상시켰습니다. 국민대 자소서 4번은 전공 지원동기와 재학 기간 중 진로탐색에 대한 도전 경험을 서술하는 것인데 지원동기에 대한 명확한 목표제시와 더불어 고교활동에 있어 전공 분야에 대한 다양한 활동과 탐색을 통해 전공적합성을 높인 부분에서 좋은 평가를 받았다고 볼 수 있습니다.		

 면접문항

Q 코딩대회에서 겪었던 어려움은 무엇인가요?

성신여자대학교_ 학교생활우수자전형

다양하고 충실한 교내활동과 전공과목 우수성을 입증하여 교사를 꿈꾸다.

영어 영문과 / 전북 평준일반고 양하은

로드맵

구분	1학년	2학년	3학년 1학기
자율활동	학급실장/ 교내부회장 국제교류행사진행	학생회장 제1회 드림콘서트 제작 및 진행	제2회 드림콘서트 제작 및 진행
동아리활동	영어 신문부		
	독서토론	멘토 멘티	언어탐구
	교사진로탐구		
봉사활동	교내 봉사활동을 중심으로 각종 학교 행사에서 다양한 봉사 실적 기록		
			세월호 추모리본 제작
진로활동	다양한 진로 특강		
		드림 콘서트를 활용한 꿈 발표	
진로독서	The Wizard of OZ 〈L. Frank Baum〉 The Hobbit 〈J. R. R. 톨킨〉 Who moved my cheese? 〈Johnson, Spencer〉 The Adventures of Huckleberry Finn 〈Mark Twain〉 영어토론 절대 어렵지 않아요 〈YTN〉		

내신성적

교과	1학년 1학기	1학년 2학기	2학년 1학기	2학년 2학기	3학년 1학기
국어	3	3	3	5	5
수학	4	4	4	4	3
영어	3	3	3	3	1
사회	4	3	4.5	4.5	4.5
과학	34	4			6

	1학년	2학년	3학년	전체	
전 교과	3.5	4.25	3.6	3.78	
계열 교과	3.4	3.9	3.5	3.6	

2018학년도 수시전형 지원대학 합·불 결과

대학명	전형명	모집단위	최저학력기준	합·불여부
동덕여대	동덕창의리더전형	영어과	×	합격
명지대	학생부종합전형	영어영문학과	×	면접 불참
가톨릭대	추천자전형	영어영문학과	×	면접 불참
덕성여대	덕성인재전형	영어영문학과	×	불합격
전북대	일반전형	영어영문학과	3개영역 합 10	불합격

 합격포인트

Q1 성신여대 학교생활우수자전형 영어영문과를 선택하게 된 이유는 무엇인가요?

A1 가장 좋아하는 과목이 영어였습니다. 그리고 봉사활동을 통해 아이들을 가르치는 활동이 너무 좋았습니다. 그래서 영어교육과를 지원할까 하기도 했지만 부족한 내신성적이 발목을 잡았고, 그 대안으로 고민해 본 것이 영문학과였습니다. 평소 영문학 소설 읽기를 좋아하여 더 영어과목에 빠져들게 만든 요소가 있었기에 영문학을 활용한 저만의 학습법을 정립시켜 상위

10% 학생들에게 주어지는 교직이수를 취득하여 영어선생님이 되려고 지원하게 되었습니다.

Q2 최종합격에 결정적인 영향을 미친 요소는 무엇이라고 생각하나요?

A2 무엇보다 성실한 학교 활동이라고 생각합니다. 학생회장으로서의 경험과 학교생활에서의 충실이 학교생활우수자전형과 딱 일치했다고 봅니다. 특히 전공에 대한 다양한 활동들을 자소서나 학생부에 잘 어필했으며, 결정적으로 3학년 영어 내신 1등급을 성취한 것도 한몫을 했으리라 봅니다. 그리고 면접 준비를 체계적으로 반복하여 저의 장점을 잘 살린 것도 도움이 되었습니다.

학교 교육목표와 특색사업을 활용한 활동 특장점 분석

학교 교육목표	특색사업
목표의식이 확실하고 끝까지 탐구하는 사람	[독서 토론 문화형성] – 교과별 추천 도서 및 도서 디지털화]

학생 진로 세부활동
다양하고 풍부한 독서 활동
The school story (Andrew Clement's) Heidi: Girl of Alps (Dakhata Isoo)
영어토론 절대 어렵지 않아요. (YTN) Who moved my cheese?(S.Johnson) The graduation of Jake Moon (Park Barbara) 위대한 유산 (찰스디킨스) 폭풍의 언덕 (에밀리 브론데) 레미제라블 (빅토르 위고) 등등
교내 추천 영어 원서 뿐만이 아니라 다양한 독서 활동

의지가 강하고 심신이 건강한 사람	[국제교류행사] – 일본 이세시 고등학교와 매년 교류

학생 진로 세부활동

학급실장, 학생회장으로서 일본 학생들이 매년 방문할 때마다 한국의 문화와 역사에 대해 토론과 함께 체험을 함. 이를 보고서로 제출함.

학교를 대표하여 일본어로 환영인사를 함.

더불어 사는 바른 인성과 준법 정신이 투철한 사람	[다양한 동아리 운영] – 다양한 진로탐색 및 미래 역량을 기를 수 있는 기회제공

학생 진로 세부활동

정규동아리 '영자 신문부' 활동을 3년간 꾸준히 해오면서 동아리 부장까지 역임을 함. 그리고 활동을 통해 영어경기대회 활동에서 두각을 나타냄.

독서 토론 / 교사가 되기 위한 진로탐색 / 멘토링 활동 / 영어 토론 동아리활동을 적극적이고 우수하게 함.

미래를 주도할 수 있는 창의적인 사람	[드림콘서트 운영] – 1년 동안 활동한 사례를 발표하면서 발전 보완할 수 있는 기회제공

학생 진로 세부활동

학교 축제의 일부 행사인 진로발표 대회를 확대하고 실제적으로 학생들에게 도움이 될 수 있게 하기 위해 '그림콘서트'라는 행사를 기획함.

많은 급우들에게 큰 호응을 얻고 교내 정식활동으로 전래화하기로 함.

 자기소개서 사례

(자기소개서 1번) 고등학교 재학기간 중, 학업에 기울인 노력과 학습경험을 통해 배우고 느낀 점을 중심으로 기술

영어 1등급을 꼭 획득하고 싶어 부족한 부분을 보강하고 세분화된 계획을 수립하였습니다. 단어의 중요도를 분류하여 매일 암기하고 주말에 직접 시험지를 만들어 체크하였는데, 초기에는 생각보다 많은 양의 단어를 틀려 좌절감도 들었지만 그래도 단어집 한 권을 다 암기할 때까지 절대 포기하지 않으리라 마음먹고 틀린 단어를 중심으로 10회 이상 기록하며 반복하였습니다. 반복기록 노트가 몇 권이 쌓이면서 놀랍게도 모르는 단어나 틀린 단어의 수가 현저히 줄어들었고, 모의고사나 교재에서도 모르는 단어가 거의 없어져 해석이 편안해졌습니다. 이런 변화는 수업 중 단어질문에 대답을 잘하는 학생으로 칭찬받으며 더 많은 단어를 암기하는 시너지 효과를 나타냈습니다.

단어가 잡히자 독해에 집중하기 시작했습니다. 속독을 한 다음 문장의 구조에 맞추어 분사구문이나 수식어구들을 묶어두거나 끊고 모르는 어휘들에 별도 표시를 하였습니다. 그리고 그 상태로 처음부터 끝까지 다시 해석을 하며 문법적인 부분들을 체크하였습니다. 이 과정 중 선생님께 질문으로 미비한 점은 도움도 받았습니다. 이렇게 문장을 분석하고 해석하다 보니 문장을 보는 눈이 생겼다는 것을 스스로도 느낄 수 있었습니다. 또한 영문학 독서를 할 때 매끄럽게 독해를 할 수 있게 되었습니다. 독해에 필요한 문법은 기본 문법책을 정리하고 다음 단계 문법책으로 보충하고 또 다음 단계를 활용하고 중복하여 나만의 문법책을 만들었습니다. 3학년 모의고사에서 그동안 공부했던 문법들이 눈에 쏙쏙 보여서 답이 본인이 답이라고 손을 흔드는 것 같은 기분이었습니다. '이런 게 공부를 했다는 보람이구나.'라는 생각이 들었습니다.

하나하나 실력을 쌓아가고 내신 또한 같은 방법으로 반복하고 각인시켰습니다. '항상 영어만 지독하게 많이 한다.'라고 했지만 그것이 제가 1등급을 성취할 수 있었던 기반일 뿐만 아니라 다른 과목 다른 분야의 일에서도 이런 끈

기와 반복과 나만의 방법 찾기로 무엇이든 다 잘할 수 있는 자신감이 생겼습니다.

자소서 1번	제목: 학년 내내 3등급만 나오던 영어 성적을 1등급으로 만든다.		
	4번 수상경력	7번 창체활동	9번 독서활동
학생부 항목	• 1학년: 영어 말하기대회(2위) • 1학년: 영어 청취력왕(1위) • 2학년: 영어 말하기대회(3위) • 3학년: 영어 ESSAY대회(3위)	• 자율활동(1,2학년: 국제교류행사): 국제교류행사에서학교를 대표해 선서를 하고 활동함. • 자율활동(1,2학년: 글로벌리더십 캠프): 해외유학생들을 만나고 소통하며 유학의경험을 간접적으로 체험함. • 동아리활동(1,2,3학년: 영어신문부): 3년간 꾸준히 영어신문부에서 다양한 영어기사 작성함.	• 1학년(영어): Charlotte's Web 〈E.B.White〉, Heidi: Girl of Alps 〈Dakhata Isoo〉, 영어토론 절대 어렵지 않아요 〈YTN〉 • 2학년(영어): Who moved my cheese? 〈S.Johnson〉, The graduation of Jake Moon 〈Park Barbara〉 • 3학년(영어): Huckleberry Finn 〈Mark Twain〉, Men Are from Mars, Women Are from Venus 〈John Gray〉
	8번 교과세부능력 및 특기사항		
	• 1학년(실용영어I,II): 영어 에세이대회에 Plastic Surgery라는 topic으로 참가함. 영어서적을 꾸준하게 읽고 독후감을 작성함. 교내영어 스피치대회에 Bread in Cafereria를 주제로 발표함. • 3학년(영어독해와작문): 평소에 영어 주제로 글쓰기를 하고 영어 독서를 즐겨하며 원어민 선생님과 자주 대화하고 문화적인 현상들을 토론함으로써 문화에 대한 인식을 넓히고 영어 유창성을 기름.		
	10번 행동특성 및 종합의견		
	• 1학년(협력): 영어신문부에서 활동하면서 교내영자신문을 발행하고 편집하는 데 성실히 활동함. • 국제교류에서 학생대표선서를 하겠다고 자진하여 큰소리로 선서하여 귀감이 됨.		
전문가 총평	학생부에서 영어성적 추이를 살펴보면 영어와 관련된 다양한 활동들이나 경시대회에서의 수상 실적이 많았지만, 1,2학년 내내 3등급을 유지하다가 결정적으로 3학년 때 1등급을 받았습니다. 그 결과로 교과우수상을 획득하였고 이렇게 성적이 향상된 사례를 자소서 1번에서 잘 활용해서 부각시켰습니다. 그리고 교내에 영어 관련 경시대회는 모두 참여하였고 매번 수상하였습니다. 결정적으로 영어 세부능력 및 특기사항의 선생님들 평가에서 학생의 영어우수성을 일괄되게 잘 표현한 것이 좋은 평가를 받은 것 같습니다.		

Q 성적을 보면 1, 2학년 때는 영어를 좋아했다고 볼 수가 없습니다. 왜 성적이 그렇다고 생각하나요?

Q 영문학 소설들을 많이 읽었는데 전부 읽은 것인가요?

 자기소개서 사례

(자기소개서 2번) 고등학교 재학기간 중 본인이 의미를 두고 노력했던 교내 활동을 배우고 느낀 점을 중심으로 3개 이내로 기술

다양한 재능을 가진 학생들의 진로 활동과 그들의 꿈을 응원하고 전교생들의 단합을 위해 드림콘서트를 계획하고 준비하여 개최했습니다. 모든 순서, 활동, 기획까지 완벽하게 준비하여 계획서를 작성하고 교장 선생님께 허락을 받아 진행하게 되었습니다. 학생회 회의를 소집하고 계획서대로 자신의 꿈과 장기를 발표할 희망자들을 모집하였습니다. 그런데 참여율이 저조하였는데 그 이유는 숙제나 수행평가도 아닌데 하며 귀찮아하는 것이었습니다. 예상하지 못한 난관이었습니다. 학생회 임원들과 홍보물을 만들고 충분한 취지를 설명한 다음 전 반을 순회하면서 설명하고 참여를 독려했습니다. 참여자들을 확정하고 각자 할 일을 분배하여 팜플렛 제작, 무대 설치, 가상 리허설 등 행사의 모든 것을 준비하였습니다. 무더운 여름을 이렇게 정신없이 보내고 드디어 행사를 진행하던 날 준비한 자리가 부족할 정도로 많은 학생들과 선생님들께서 참여하여 칭찬해 주셨으며 아주 성황리에 마칠 수 있었습니다. 그리고 무엇보다 저희 축제가 지역신문에서 기사로 다뤄줘서 더욱 뜻깊었습니다. 1회 행사 이후 저희 학교만의 특색 행사로 자리 잡아, 2회 때에는 아쉬웠던 점을 보강하여 더 성대하게 진행하였습니다. 제가 기획하고 학생회원들과 준비하면서 총괄하고 진행하는 과정에서 많은 것들을 경험하고 조율하며 버리고 담아야 하는 것 등

을 배울 수 있었던 소중한 경험이었습니다. 그 후 다양한 학생 자치행사를 준비하는 데 능숙하게 할 수 있었습니다.

전문가 분석

자소서 2번	제목: 학생회장으로서 리더십을 발휘하고 학교에 새로운 행사를 기획·제작해 진행하다.		
	4번 수상경력	7번 창체활동	9번 독서활동
학생부 항목		· 자율활동(2학년: 제1회 드림 콘서트): 직접 기획하고 진행하였음. · 자율활동(2학년: 덕원한마당): 학생회장으로서 선생님 참여 무대를 기획하여 교학상장의 기회를 마련함.	· 2학년(공통): 리더십 〈서지원〉
	10번 행동특성 및 종합의견		
	· 2학년: 통솔력이 강하고, 급우들을 잘 선도하는 학생으로서 솔선수범함. 공적인 일과 사적인 일에 구분을 하여 최선을 다해 노력함.		
전문가 총평	창의적 교내활동과 리더십은 학생의 가장 큰 장점으로 다양한 교내 활동들이 돋보입니다. 학급 실장, 임원, 회장까지 매년 학교활동에 적극적으로 임하였고 활동 중에 급우들과의 친화력과 창의적이고 실용적인 학교행사 개선 등 자신의 역량을 충분히 발휘한 다양한 활동이 큰 장점으로 나타나고 리더십을 충분히 발휘한 흔적들이 학생부 곳곳에 묻어나고 있으며 자소서에도 잘 어필하였습니다. 비록 성적은 많이 부족하지만 이런 정점들을 잘 살려 본인이 원하는 학교에 합격한 아주 좋은 사례입니다.		

 면접문항

Q 학생회장을 했는데 가장 어려웠던 일은 무엇이었나요?

Q 학생회장을 하면서 본인의 어떤 분야를 발전시켰다고 생각하나요?

한국산업기술대학교_ 학생부종합전형

신재생 에너지에 관한 다양한 경험을 통해 태양광전지 연구원에 빠지다.

에너지전기공학과 / 전남 평준일반고 이○○

로드맵			
구분	1학년	2학년	3학년 1학기
자율활동	독서토론부장	태양광자동차 조립/탐구 타이타늄 생체적합성 탐구	
동아리활동	과학 탐구토론 동아리		
봉사활동	멘토링 봉사활동(36시간), 생태교란식물 제거 봉사활동(7시간)		
진로활동	진공관형 태양열 집열기술 조사, 태양광발전 설비를 통한 누진제 완화 기사 조사, '원자력 발전을 신재생에너지로 대체해야 한다' 기사 조사 발표		
진로독서	MT 화학 〈이익모〉 세상을 바꾼 과학논쟁 〈강윤재〉 기후의 반란 〈실베스트르 위에〉 침묵의 봄 〈레이첼 카슨〉 블루 이코노미 〈군터 파울리〉 에너지 전쟁 〈장 뤽 벵제르〉 살둔 제로에너지하우스 〈이대철〉 지구온난화를 막는 50가지 방법 〈녹색애국주의 실행그룹〉 꿈의 도시 꾸리찌바 〈박용남〉 국경 없는 과학기술자들 〈이경선〉		

교과	1학년 1학기	1학년 2학기	2학년 1학기	2학년 2학기	3학년 1학기
국어	4	4	5	4	6
수학	3	4	4	4	4
영어	5	4	5	5	5
사회	4	4	3	4	.
과학	5	4	4.6	3.3	3.3

	1학년	2학년	3학년	전체	
전 교과	4.1	4.1	4.3	4.2	
계열 교과	4	4.3	4.3	4.2	

2018학년도 수시전형 지원대학 합·불 결과

대학명	전형명	모집단위	최저학력기준	합·불여부
한국산업기술대	학생부종합	에너지전기공학	×	합격
상명대	상명인재	화학에너지공학과	×	합격
순천향대	학교생활우수자	에너지시스템학과	×	합격
인제대	학생부교과	미래에너지공학	×	합격
가천대	프런티어	에너지IT학과	×	불합격
명지대	학생부종합	환경에너지공학과	×	불합격

 합격포인트

Q1 한국산업기술대 에너지전기공학과 학생부종합전형을 선택하게 된 이유는 무엇인가요?

A1 한국산업기술대는 교과 성적만큼 비교과활동도 중요하게 평가한다고 선배에게 들었습니다. 따라서 비교과활동을 3년간 잘 관리해 온 저에게 이 전형이 적합하다고 생각되어 지원하게 되었습니다. 또한 주변 여러 사람들의

상담을 통해 한국산업기술대는 학생의 전공적합성과 발전가능성을 중요하게 평가한다고 들어서 이 대학 학생부종합전형에 지원하게 되었습니다.

Q2 최종합격에 결정적인 영향을 미친 요소는 무엇이라고 생각하나요?

A2 결정적인 영향을 미친 요소는 우선 3년 내내 학생부 진로희망이 에너지연구원으로 동일하며 그와 관련된 다양한 활동을 많이 한 것이라고 생각합니다. 다른 친구들보다 일찍 진로를 정하고 꿈을 이루기 위해 그에 적합한 다양한 활동들을 하며 노력하였기 때문에 만족스러운 결과가 나온 것 같습니다. 또한 저는 교내대회에서 상을 받지 못하더라고 일단 참여하는 자체가 중요하다고 생각하여 이과생이지만 글쓰기, 토론대회에도 많이 참여하였습니다. 그리고 저는 학교에서의 활동이 전공적합성을 만족시키기에 부족하다고 생각되어 직접 자율동아리를 개설하여 관련된 활동과 심층적인 탐구활동을 한 것이 합격에 큰 영향을 미쳤던 것 같습니다.

학교 교육목표와 특색사업을 활용한 활동 특장점 분석

학교 교육목표	특색사업
감동 있는 학교	[멘티-멘토 협력학습] - 동급생 간 멘토링 수행과정을 통하여 배려심과 협업능력 신장

학생 진로 세부활동

멘토스 동아리 차장, 멘토링 자율동아리 부장 등 동료 멘토링을 통해 학습전략을 짜고, 의견을 교환하면서 부족한 과목의 실력을 향상시켜 화학과 생명과학을 2등급으로 올림.
멘토링을 지속하여 실수를 줄여나가 성적 향상을 이루는 데 기여함.

열정 있는 학교	[과제탐구활동 활성화] – 과제연구 탐구활동을 통하여 꿈과 끼를 키우고 더 나아가 장래 전공할 학과에 대한 깊이 있는 이 론적, 학문적 안목을 넓혀 진로선택 능력을 신장 [사제동행 독서토론] – 교사와의 원만한 관계 형성과 독서를 통해 평소 궁금한 것을 해결할 수 있는 기회 제공

학생 진로 세부활동
담당선생님의 추천으로 여대생과 함께 '극저탄성 타이타늄 신합금의 생체적합성 및 물리적 특성
연구'를 수행하여 논문 작성
태양광 자동차 조립 후 효율을 높이는 방법 탐구
롤모델 발표에서 진공관형 태양열 집열 기술을 개발한 곽희열 박사님 조사 발표. 원자력 발전을
신재생에너지로 대체해야 한다는 주제토론에서 ESS(에너지저장시스템)과 스마트그리드 기술발전
으로 신재생에너지로 발생한 양과 화석연료로 발생하는 에너지량이 동일해지는 그리드패리티가
얼마 남지 않았다는 것을 근거로 발표함.

감성 있는 학교	[창의인성 프로그램 활성화] – 창의로봇SW반 운영 – 목련인문학 강좌 – 클러스터 활동

학생 진로 세부활동
"종이로 등산화 만들기"에서 발목부상을 막기 위해 발목까지 감싸는 방안과 충격흡수를 위한 벌집
구조 활용 제작함.
자원봉사 소감문쓰기 대회 2번 수상

 자기소개서 사례

**(자기소개서 1번) 고등학교 재학기간 중 학업에 기울인 노력과 학습 경험을 통해,
배우고 느낀 점을 중심으로 기술**

동아리 '화학이야기반'에서 다양한 화학 관련 내용을 읽고 토론하였으며, 특

히 '신재생에너지'에 대한 잡지를 읽고 나서 해상 윈드팜을 알게 되었습니다. 저의 주 관심 분야였던 태양광 분야로 적용시킨 사례가 있는지에 대해 호기심을 갖고 조사하다가 수상 태양광이라는 새로운 기술을 알게 되었습니다. 삼면이 바다인 우리나라의 지리적 특성을 이용하여 해상 윈드팜과 마찬가지로 수상 태양광을 적용하여 전력을 생산하면 효율이 높을 것으로 생각하였습니다. 수상 태양광발전을 조사하던 중 '수상 태양광전지가 물에 의한 냉각 효과로 에너지효율은 높아질 수 있지만, 물의 온도가 상승하여 바다 생태계를 파괴하지 않을까?'라는 의문이 생겼습니다, 자료를 조사해도 나오질 않아 결국, 학교 선생님께 찾아가 질문을 해서 답을 얻었으나, 그 답은 '물은 비열이 커서 온도가 잘 올라가지 않는다.'라는 너무나 간단한 원리였기 때문에 적지 않은 충격을 받았습니다. 왜냐하면, 마냥 어렵게만 생각하여 기본적인 원리를 잊고 있었기 때문입니다. 이를 통해 결국 아무리 어려운 내용이더라도 과학은 기본적인 지식과 원리에서부터 기초하여 이루어진다는 것을 깨달았습니다.

전문가 분석			
자소서 1번	제목: 동아리 차장을 하면서 우리나라 지역을 고려한 신재생에너지 탐구		
	4번 수상경력	7번 창체활동	9번 독서활동
학생부 항목	• 2학년: 동료멘토링을 통한 학력향상대회/금상(1위) • 2학년: 독서골든벨 대회/장려상(4위)	• 동아리활동(3학년): 뉴턴 과학잡지에서 '신재생에너지'를 읽고 태양전지, 태양열, 풍력, 수력, 이온전지, 연료전지 등을 조사 발표함. 특히, 삼면이 바다인 우리나라에서 해상 윈드팜 제작 등을 제시하여 발표함.	• 2학년(화학 I): 기후의 반란 〈셀베스트르 위에〉 • 3학년(공통): 국경 없는 과학자들 〈이경선〉
	8번 교과세부능력 및 특기사항		
	• 3학년(화법과 작문): 자유주제 5분 말하기에서 '초박막 태양광 셀', '투명한 태양광 패널'에 대한 특징과 예시를 들어 원리와 장단점, 전망 등에 대해 발표함.		

	• 3학년(기하와 벡터): 풍력과 벡터를 융합한 벨루가 스카이세일스에 대한 자료를 찾아 보고서를 작성 발표함.
전문가 총평	동아리활동을 통해 신재생에너지에 관심을 가지고 과학잡지를 구독하면서 삼면이 바다인 우리나라에서 태양광발전을 효과적으로 할 수 있는 윈드팜임을 알게 됨. 물에 의한 냉각효과와 생태계 파괴 등의 영향성까지 파악하면서 지식을 확장하는 모습을 학생부에서 엿볼 수 있었으며 이를 자기소개서에 잘 연계 작성하여 좋은 평가를 받은 것 같습니다.

 면접문항

Q 해상 윈드팜의 장점과 해양 생태계에 미치는 영향에 대해 설명해 주세요.
Q 해양 생태계를 파괴시키는 원인에 대해 알아보기 위해 찾아본 논문은 무엇인지 설명해 주세요.

 자기소개서 사례

(자기소개서 4번) 1, 2, 3번 문항을 통해 작성하지 못한 내용 중 자유스럽게 기술
(주 관심 분야)

올해부터 실시된 탈원전 정책을 통해 '원자력발전을 신재생에너지로 대체한다'는 기사를 읽고, 신재생에너지 사용을 증가시킬 수 있는 방안에 대해 발표하였습니다. 조사를 하면서 유휴전력을 ESS에 저장하여 에너지 사용량이 많은 낮에 사용한다면 원자력 발전소가 없어도 신재생에너지로 충당할 수 있음을 새롭게 알게 되었습니다. 이는 ESS에 대해 큰 매력을 느끼게 되어 좀 더 알아보고 공부하고 싶은 계기가 되었습니다. 또한 저는 신재생에너지를 개발하는 것도 중요한 일이지만, 사람들의 인식 개선도 중요하다고 생각해서 인식 개선을 위한 활동에 많이 참여하게 되었습니다. 8월 22일 '에너지의 날'을 기념하여 아파트 베란다의 태양광 발전 설비에 대한 에너지 신문을 만들었습니다. 신문을 통해 태양광 발전의 현황과 전망 등을 홍보하여 태양광 발전이 별로 효율

이 높지 않다고 생각하는 친구들의 인식을 개선하는 캠페인 활동을 하여 생각을 변화시켜 주었습니다. 또한 수업시간에 친구들에게 아직 낯선 '신재생에너지'에 대해 '초박형 태양광 셀'과 '투명한 태양광 패널'을 언급하여 흥미로운 새 정보를 알렸습니다. 이는 친구들의 흥미를 이끌어내며 '신재생에너지'에 대한 긍정적인 인식이 한층 더 넓어질 수 있도록 노력하였습니다.

전문가 분석

자소서 4번	제목: 동아리 부장으로 원자력발전을 신재생에너지로 대체하기 위한 방안 조사		
	4번 수상경력	7번 창체활동	9번 독서활동
학생부 항목	• 2학년: 롤 모델 발표대회/ 동상(3위) • 2학년: 독서골든벨 대회/ 장려상(4위)	• 진로활동(3학년): '원자력발전을 신재생에너지로 대체한다'는 기사를 바탕으로 '신재생에너지 사용을 증가시킬 수 있는 방안'을 보고서로 작성 발표함. 스마트그리드 산업 발전으로 원자력발전소가 없어도 충분히 가능하다고 발표함. 기술개발이 가속되면 태양광 발전단가가 내려가 화석연료를 대체시킬 수 있으며, 전기요금을 내지 않고 전기를 마음껏 사용할 수 있는 시대가 올 것이라고 발표함.	• 2학년(생명과학Ⅰ): 블루 이코노미 〈군터 파울리〉 • 2학년(공통): 에너지 전쟁 〈장 뤽 벵제르〉, 살둔 제로에너지 하우스 〈이대철〉, 지구온난화를 막는 50가지 방법 〈녹색애국주의 실행그룹〉
	8번 교과세부능력 및 특기사항		

• 2학년(지구과학Ⅰ): 자원, 에너지, 환경 분야에서 높은 흥미를 보였으며, 지속 발전 가능한 신재생에너지 중 메탄 하이드레이트에 대해 생물, 화학적 접근법으로 깊이 있게 공부하여 설명함. 신재생에너지의 조사와 활용에 높은 관심을 보임.
• 3학년(화학Ⅱ): 신재생에너지와 녹색화학을 연관지어 추후 자신의 진로를 밝히면서 보조자료를 잘 활용하여 발표함.
• 3학년(생명과학Ⅱ): 미생물 연료전지에 대한 글을 읽고 폐수처리 시스템 외 다양한 활용에 대한 토의 후 조사 발표함. 태양전지와 인공 광합성의 차이에 대해 조사하여 보고서를 작성함.

전문가 총평	동아리활동 시간에 원자력발전을 사용하는 것이 신재생에너지를 사용하는 것보다 더 경제적이라는 반론을 대비하기 위해 자료를 조사하면서 '그리드패리티'라는 지식까지 이해하게 된 과정과 스마트그리드 기술의 발전을 통해 유휴전력을 효과적으로 관리한다면 신재생에너지로 원자력발전을 대체할 수 있다는 내용을 잘 설명하여 친구들을 설득한 내용이 학생부에 기술되었으며 이를 활용하여 자기소개서에서 어필한 것이 좋은 평가를 받은 것 같습니다.

 면접문항

Q 물리의 필요성은 알고 있는데 물리 2과목을 이수하지 않았는데 그 이유를 설명해 주세요.

Q 부족한 물리 공부를 어떻게 보완할 것인가요?

Q 그리드패리티가 무엇인지 설명해 주세요.

숭실대학교_ 고른기회(농어촌)

지역적 약점을 이기고 꿈을 키우며 항공정비사를 꿈꾸다.

기계공학부 / 전북 평준일반고 김태현

로드맵			
구분	1학년	2학년	3학년 1학기
자율활동		학생회 선도부원	
		에너지 연구원 견학	공개 과학실험 참가 과학 사고력 겨루기
동아리활동	신문편집부 〈비행기 이착륙의 비밀〉 기사 작성 드론의 원리와 비행연습을 통한 사례 연구 Green 태양전지 조사 및 소논문		수리탐구반 (리만가설 연구 발표)
봉사활동	은총의 집 봉사(노인요양병원) 불우이웃 연탄 나누기 행사		
진로활동	찾아가는 직업체험 (항공기시스템 정보탐색)		
진로독서	하늘 비행기 그리고 사람들 〈이근영, 조일주〉 비행의 시대 〈장조원〉 과학으로 만드는 비행기 〈박영기〉 레오나르도 다 빈치가 들려주는 양력 이야기 〈송은영〉 도구와 기계의 원리 〈데이비드 맥컬레이〉 하늘에 도전하다 〈장조원〉		

교과	1학년 1학기	1학년 2학기	2학년 1학기	2학년 2학기	3학년 1학기
국어	3	3	3	3	5
수학	3	2	3	3	3.5
영어	2	2	2	2	3
사회	4	2			2.5
과학	3	3	3	2.5	3.5
	1학년	2학년	3학년	전체	
전 교과	2.65	2.75	3.65	2.88	
계열 교과	2.58	2.75	3.53	2.88	

2018학년도 수시전형 지원대학 합·불 결과

대학명	전형명	모집단위	최저학력기준	합·불여부
국민대	농어촌학생	기계공학부	×	합격
단국대	농어촌학생	기계공학과	×	합격
숭실대	고른기회(농어촌)	기계공학부	×	합격
전북대	큰사람	항공우주공학과	3개 합 12	합격
한서대	HSU스마트인재	항공정비과	×	불합격
충남대	PRISM인재	항공우주공학과	영수 각 4	불합격

 합격포인트

Q1 숭실대 농어촌전형 기계공학과를 선택하게 된 이유는 무엇인가요?

A1 어릴 적부터 항공 관련 직업을 가지고 싶었습니다. 특히 항공 기술 발달에 대한 여러 소식을 접하며 차세대 환경 첨단 기체 개발에 대한 관심을 가지게 되었습니다. 하지만 지역 여건상 항공 관련 활동을 찾기가 힘들어서 모 대학의 캠프에도 참여하면서 노력했습니다. 그러다 선생님을 통해 숭실대

에 대해 알게 되었고, 직접 탐방하면서 꿈을 키우게 되었습니다. 특히 항공기 연구회 천금비를 알게 되어 꼭 합격하고 싶다는 생각을 하게 되었습니다.

Q2 최종합격에 결정적인 영향을 미친 요소는 무엇이라고 생각하나요?

A2 일관되고 성실하게 여러 활동을 했던 것이라고 생각합니다. 과학과목에 대한 다양한 지식들을 항공 분야와 연결하여 신문기사로 만들고, 보고서를 작성하며 깊이 있는 공부를 했던 것이 좋은 점수를 받았던 것 같습니다. 또한 꾸준한 봉사활동이 많았던 것이 진리와 봉사의 건학이념을 가지고 있는 숭실대에서 좋은 평가를 받게 한 것이 아닐까 생각합니다.

학교 교육목표와 특색사업을 활용한 활동 특장점 분석

학교 교육목표	특색사업
책으로 더하다	[독서를 기반으로 하는 탐구활동 프로그램 운영] – 교사와 학생이 함께하는 독서프로그램 – 교과와 연계한 프로젝트 학습 – 인문학 연계 프로그램 – 즐거운 독서 행사

학생 진로 세부활동
하계방학 독후감 대회(3위), 독서 골든벨(2위) 등 수상실적이 우수함.
1학년 제6회 독서 골든벨에 참가하여 '책읽는 학교분위기' 확산과 정서 함양 및 창의적 사고력 증진을 위해 노력함.
2학년 제7회 독서 골든벨에 참가하여 창의적으로 문제를 해결할 수 있었고 문학과 의학 관련 도서를 읽고 독서퀴즈에서 우수한 성적을 거둠.
'사제동맹 백년가약'에서 100권을 목표로 독서습관을 기르기 위해 노력하고 정량화가 아닌 깊이 있는 독서로 발돋움을 하는 계기가 됨.

인문학적 사고능력 함양을 위한 프로그램	[인문학 수업을 통한 토론 및 체험활동 프로그램 운영] - 인문학 아카데미 - 인문학 체험 - 논술·논문 동아리 운영

학생 진로 세부활동

논문정보 이용방법 특강을 듣고 학생들의 라면 섭취 관련 식행동과 라면 성분에 관한 소논문을 작성함.

전공과 관련하여 'Green' 태양전지에 관해 조사하고 소논문을 작성함.

인문학 체험을 위한 중국문화 체험 부스를 운영함.

'동북공정과 광개토대왕비 그리고 한자와 21세기' 특강에 참여함.

농경문화와의 대화를 통한 4차혁명의 시대로!	[앎과 삶이 어우러진 참교육 프로그램 운영] - 학생중심의 다양한 창의적 체험활동 - 융합프로그램 운영 - 지역 사회와 연계한 체험학습과 나눔의 봉사활동

학생 진로 세부활동

친환경 벼농사체험을 하며 모내기, 우렁이 던지기, 벼베기 등 체험을 통해 유기농 음식에 대한 관심을 가지고 부안고 학생들의 라면 섭취와 그 라면의 성분을 조사하는 연구와 GMO 식품에 대한 연구를 진행함.

 자기소개서 사례

(자기소개 1번) 고등학교 재학기간 중 학업에 기울인 노력과 학습 경험에 대해, 배우고 느낀 점을 중심으로 기술

　2학년 여름 방학 때 기계공학 '기초입문'이라는 프로그램을 수강하며 베르누이의 정리와 드론 비행에 대하여 발표하게 되었습니다. 유체의 속력에 따른 압력의 변화인 베르누이 정리를 통해 비행기의 이륙하는 원리를 이해하게 되어 평소 항공 분야에 관심이 많은 저는 이 주제를 선정하게 되었습니다. 발표

준비를 하면서 날개 없는 선풍기와 비행기가 뜨는 원리에 베르누이의 정리가 사용된다는 것을 확인하였습니다. 하지만 이것을 정리하여 수식으로 이해하려 하니 복잡하고 정리가 되지 않았습니다. 저는 최대한 쉽게 이해하기 위해서 유튜브를 통해 베르누이의 정리라는 영상을 시청하였습니다. 글로 써 있는 것이 아닌 애니메이션으로 된 단면도를 보며 설명을 들으니 확실하지 않았던 개념이 잡히고, 저 또한 쉽게 설명할 수 있게 되었습니다. 그 이후 물리 1 교과서로 수식을 확인하고 이해하였습니다. 또한 드론 비행을 설명하기 위해 모든 모터의 회전수 차이에 따라 드론의 이륙과 착륙 및 상하좌우 이동을 할 수 있음을 그림을 통해 이해하고 직접 드론을 조종하며 확실히 알게 되었습니다. 결과적으로 막연하게 책을 통해서만 보았을 때보다 더욱 이해가 수월했고, ppt를 이용한 발표에서 좋은 반응을 얻을 수 있었습니다. 이후 학습을 하면서 눈으로 보기보다는 그래프와 그림을 이용하려고 노력했고 이는 물리1과 미적분2를 공부하면서 적용시켰습니다.

전문가 분석

자소서 1번	제목: 기계공학 기초입문 발표		
	4번 수상경력	7번 창체활동	9번 독서활동
학생부 항목	• 1학년: 표창장(모범학생부문) • 2학년: 과학사고 실험대회/동상(3위) • 2학년: 하계방학독후감대회/우수상(3위) • 2학년: 독서골든벨/우수상(2위) • 2학년: 표창장(모범학생부문) • 2학년: 창의과학경진대회/동상(3위) • 3학년: 과학사고력 겨루기(물리)/동상(3위)	• 자율활동: 3학년 런치오픈 랩, 논문정보 이용방법 특강 • 동아리활동: 2학년(google) 신문에 과학면을 작성하자고 제안하여 '비행기 이착륙의 비밀'이라는 정보성 기사 작성 / 2학년(Greenme) 태양전지 종류와 효율을 조사하여 부안 지역에 적합한 태양광 발전의 입지조건을 연구하여 소논문 작성 발표	• 2학년(수학): 일상생활 속에 숨어있는 수학 〈사무라이 스스무〉 • 2학년(공통): 하늘 비행기 그리고 사람들 〈이근영, 조일주〉, 과학으로 만드는 비행기 〈박영기〉 • 3학년(과학): 도구와 기계의 원리 〈데이비드 멕컬레이〉

• 3학년: 물리프로젝트 발표대 회/동상(3위)		

	8번 교과세부능력 및 특기사항
	• 1학년(과학): 전자기계 부분에 관심이 많아 전북대에서 실시하는 창의기술아카데미(9기)에 참여 하여 과정을 수료하고 앱 콘테스트 부분에서 좋은 평가를 받음. • 2학년: 기계공학 기초 입문(14시간)을 수강하면서 정역학·동역학 등의 기초를 공부하고 유체역 학·열역학 등에 관련된 실험을 모둠별로 실험하고 토론하여 지식을 습득함. • 2학년: 전기전자 기초 입문(14시간)을 수강하면서 여러 가지 센서를 공부하고 브레드보드에 회 로를 만들어 보고 회로도를 그려 발표함. • 2학년(물리): 베르누이 법칙을 이용한 다양한 실생활의 원리를 찾아보고 항공기에 관한 내용에 많은 관심을 가지고 질문함.
전문가 총평	다양한 수상실적이 돋보입니다. 과학 설계경진대회나 사고력 겨루기대회를 통해 전공 관련 수상 도 눈에 띕니다. 다양한 대회에 출전하며 적극적인 모습을 엿볼 수 있습니다. 또한 다양한 과목 간의 융합 학습으로 항공기 및 항공 분야와 관련된 연구를 하려는 노력이 많이 보입니다. 농어촌 학교의 특성상 심화학습을 할 수는 없었지만, 기계공학 기초 입문과 전기전자 기초 입문 수업을 수강하면서 전공과 관련된 연구를 많이 하였습니다. 특히 물리 과목에서 베르누이 법칙을 이용 한 다양한 실생활 원리를 찾아보면서 본인의 관심 분야인 항공기에 대한 발표를 함으로써 융합 적인 모습을 엿볼 수 있었습니다.

 면접문항

Q 베르누이 정의를 설명해 보세요.

Q 항공 관련 직종을 원하는데 왜 기계공학과에 지원하게 되었는지요?

 자기소개서 사례

(자기소개 2번) 고등학교 재학기간 중 본인이 의미를 두고 노력했던 교내 활동
을 배우고 느낀 점을 중심으로 3개 이내로 기술

　1학년 때부터 자율동아리 google에 가입하여 교내 행사 소식과 홍보용 신문을
제작하였습니다. 2학년 때 신문 구성을 토의하던 중 과학과 관련된 기사문을
싣자는 의견이 있었습니다. 항공 관련 내용 중 비행기가 이착륙 할 때가 가장
위험하다는 사실을 알고 비행기 착륙 시 기상 조건, 노면 상태에 따라 달라지

는 차이점에 대한 기사를 작성하여 '비행기 이착륙의 비밀'이라는 제목으로 기재하였습니다. 비행기 착륙을 크게 소프트 랜딩, 하드 랜딩, 펌 랜딩으로 나누어 각 상황을 설명하고 그림으로 예를 들어주었습니다. 관심이 없는 친구들이 많아서 호응이 없을 것이라고 예상했지만, 신문이 발간된 뒤 작성된 기사문에 친구들이 긍정적인 반응을 보여주어서 뿌듯했습니다. 기사를 준비하면서 시간이 많이 소요되었지만, 제가 좋아하는 분야와 관련되어서인지 힘들지 않고 재미있게 준비하였습니다. 이 활동으로 인해 제가 좋아하는 분야를 확인하였고 진로에 대한 목표의식이 뚜렷해졌습니다.

미적분2 시간에 삼각함수의 역사와 실생활이라는 주제로 삼각함수가 활용된 항공항법 논문을 찾아 발표했습니다. VOR를 이용하여 방향을 찾고 DME를 이용하여 거리 정보를 알아내서 비행기의 정확한 위치를 구하는 방법이었습니다. 삼각함수를 이용해서 항공기가 앞으로 어떤 방향으로 얼마나 가야 할지를 계산하고 사인법칙을 이용하여 항공기가 목적지에 도달하기 위한 방향과 거리를 알아내야 했습니다. 또한 제2코사인 법칙을 활용하여 항공기의 정확한 위치를 구해야 했습니다. 이 방법은 고등학교 교과과정 이외여서 이해하기 힘들었습니다. 선생님을 찾아가 질문하고 책을 찾아보면서 조금씩 이해하여 발표할 수 있었습니다. 학교에서만 배우는 과목이라 생각했지만 실제 생활에서 활용이 가능하다는 것이 신기했고, 학업에 더 힘을 기울일 수 있는 계기가 되었습니다.

전문가 분석

자소서 2번	제목: 교내 신문 기사문 작성 '비행기 이착륙의 비밀' 삼각함수를 이용한 항공항법 소개		
	4번 수상경력	7번 창체활동	9번 독서활동
학생부 항목	• 2학년: 과학사고 실험대회/동상(3위)	• 자율활동: 3학년 런치오픈 랩, 논문정보 이용방법 특강	• 2학년(수학): 일상생활 속에 숨어있는 수학 〈사무라이 스스무〉

학생부 항목	• 2학년: 하계방학독후감대회/ 우수상(3위) • 2학년: 독서골든벨/우수상 (2위) • 2학년: 창의과학경진대회/동 상(3위) • 3학년: 과학사고력 겨루기(물 리)/동상(3위) • 3학년: 물리프로젝트 발표대 회/동상(3위)	• 동아리활동: 2학년(google) 신 문에 과학면을 작성하자고 제 안하여 '비행기 이착륙의 비 밀'이라는 정보성 기사 작성 / 2학년(Greenme) 태양전지 종류와 효율·조사하여 부안 지역에 적합한 태양광 발전의 입지조건을 연구하여 소논문 작성 발표	• 2학년(과학): 화학으로 이루어 진 세상 〈크리스틴 메데페셀 헤르만〉 • 2학년(공통): 하늘 비행기 그리 고 사람들 〈이근영, 조일주〉, 과 학으로 만드는 비행기〈박영기〉 • 3학년(과학): 도구와 기계의 원 리 〈데이비드 멕컬레이〉

8번 교과세부능력 및 특기사항
• 2학년(미적분2): '삼각함수의 역사와 실생활'이라는 주제와 관련하여 자료를 조사하고 관련 서적 과 삼각함수가 활용된 항공항법 논문을 찾아보며 소개함. • 2학년(지구과학1): 지질재해의 피해와 대책 부문에서 화산활동이 대기권에 미치는 영향으로 인 해 비행기 운항에 어떤 영향을 끼치는지에 대한 조사발표에서 기상학적인 요소 외에 항공기의 구조 및 특성까지 연관시켜 조사함.

전문가 총평	전공과 관련된 과학 및 수학 독서뿐 아니라 비행기와 비행에 관련된 다양한 도서를 읽으며 항공 분야에 대한 관심을 키웠습니다. 이를 바탕으로 동아리활동 중 신문에 과학면을 작성하기로 하 고 본인이 직접 비행기 이착륙의 비밀이라는 정보성 기사를 작성하면서 지식의 나눔을 실천했 고, 교과 수업에서 과목과 관련하여 항공항법 논문과 화산활동이 대기권에 미치는 영향으로 비 행기 운항에 어떻게 적용되는지를 함께 연관해서 조사 발표하는 모습을 통해 적극적인 자기주도 적인 모습을 볼 수 있습니다.

 면접문항

Q 국내에 있는 태양전지 산업과 연관해서 태양전지 소논문 내용을 설명해 보세요.

광운대학교_ 농어촌전형

농어촌의 한계를 넘어
빅데이터 전문가로 꿈을 키우다.

정보융합학부 / 전북 평준일반고 김지연

로드맵			
구분	1학년	2학년	3학년 1학기
자율활동	찾아가는 수학체험 이동교실 참여		
자율활동		헌법이야기 강연참여	학급 부실장 명랑학급만들기
동아리	STUDY STUDENTS 부장(자기주도적 학습)		
봉사활동			썰전 (생활 속 통계자료 분석)
진로활동	솔리언 또래상담 캠프	경제기업탐방 및 전통문화연수 경제 금융 캠프 청소년 참여 컨퍼런스 경제분과 참여 나눔과 기술 ONEDAY 캠프	학과별 멘토멘티 제4차 산업혁명과 소통 플랫 폼 특강
진로독서	17세가 읽은 행복한 경제학 〈이득재〉 / 포르쉐를 탄 경제학 〈에노모토 사토시〉 문제는 경제다 〈선대인〉 / 괴짜 경제학 〈스티븐 레빗, 스티븐 더브너〉 10대를 위한 재미있는 경제특강 〈조준현〉 / 청소년을 위한 경제의 역사 〈니콜라우스 피퍼〉 적정기술: 현대 문명에 길을 묻다 〈김찬중〉 / 피셔가 들려주는 통계 이야기 〈정완상〉 튜링이 들려주는 암호 이야기 〈박철민〉 / 빅데이터 인간을 해석하다 〈크리스티안 러더〉		

내신성적

교과	1학년 1학기	1학년 2학기	2학년 1학기	2학년 2학기	3학년 1학기
국어	4	3	3	4	2
수학	4	3	3	3	3
영어	3	2	4	3	3
사회	2.5	3	3	3	3.3
과학	3	3	4	2	
	1학년	2학년	3학년	전체	
전 교과	3.05	3.2	2.84	3.07	
계열 교과	3.05	3.2	2.84	3.15	

2018학년도 수시전형 지원대학 합·불 결과

대학명	전형명	모집단위	최저학력기준	합·불여부
가천대	가천바람개비전형	응용통계학과	×	합격
건국대	고른기회I	응용통계학과	×	불합격
광운대	농어촌학생	정보융합학부	×	합격
단국대	농어촌학생	응용통계학과	×	불합격
숭실대	SSU미래인재	융합특성화자유 전공학부	×	불합격
인하대	농어촌학생	글로벌금융학과	×	불합격

 합격포인트

Q1 광운대 농어촌전형 정보융합학부를 선택하게 된 이유는 무엇인가요?

A1 1,2학년 때는 경제 분야에 푹 빠져 모든 활동을 세무, 회계사에 맞춰서 해왔습니다. 하지만 2학년 때 짧게 경험한 대외활동과 독서를 통해 '빅데이터'라는 새로운 분야에 관심을 갖게 되었습니다. 3학년이 되어서야 '빅데이터 전문가'라는 새로운 꿈에 대해 확신을 갖고 여러 활동을 하기 시작하였는데

그동안 해왔던 활동들과는 또 다르게 재미를 느낄 수 있었습니다. 꿈을 이루기 위해 진학할 학교를 찾던 중 알게 된 광운대 정보융합학부는 '소프트웨어'를 기반으로 빅데이터를 분석한다는 점에서 제게 흥미롭게 다가왔습니다. 인문계열에서 자연계열로 지원한다는 것은 쉽지 않은 결정이었지만 그동안 배워온 경제, 법과 정치 등의 사회과목과 빅데이터를 접목한다면 더 나은 미래사회를 만들 수 있을 것이라 생각하여 정보융합학부를 선택하게 되었습니다.

Q2 최종합격에 결정적인 영향을 미친 요소는 무엇이라고 생각하나요?

A2 1,2학년 때 가졌던 꿈과 지금의 꿈을 잘 연관시킨 것이 합격에 가장 크게 영향을 미쳤다고 생각합니다. 세무, 회계사와 빅데이터전문가는 겉으로는 관련이 없어 보이지만, 세금과 빅데이터, 경제와 빅데이터는 사실 굉장히 깊게 연결되어 있다는 것을 자기소개서에 어필하였고 면접관이 교차지원의 장점에 대해 질문했을 때 그동안 제가 해 온 공부가 이 분야와 전혀 관련 없는 것이 아니라는 것을 잘 설명했다는 점에서 높은 평가를 받았다고 생각합니다.

학교 교육목표와 특색사업을 활용한 활동 특장점 분석

학교 교육목표	특색사업
진로 상담 프로그램	[일대일 심층 상담프로그램 운영] – 진로 진학 컨설팅 및 특강 – 솔리언 또래 상담 학습

학생 진로 세부활동

다솔리언 또래상담캠프에 참여한 후 영향력이 큰 또래집단의 상호활동을 통해 어려움을 겪는 급우의 문제를 가까이서 해결하려는 노력을 함.

찾아가는 작은 입시설명회 프로그램 참가 후 진로 진학 방향에 대한 토의 활동을 하고 자신에게 맞는 학습계획을 모색함.

어울림한마당을 통해 교사와 학생들 모두 힘든 시기에 화합의 장을 만듦.

2018 대입 흐름과 전략 설명회에 참여한 후 학과별 멘토멘티 프로그램으로 인문계열이지만 통계 회계 등의 분야에 대해 고민하고 진학을 결정함.

교과와 연계한 다양한 체험활동	[지역사활 탐구 프로그램 운영] – 향토역사 체험 캠프(내 고장 역사 알기) – 수학 체험 캠프(수학 박물관 견학) – 경제 토론 및 체험활동 – 디자인 사고능력 함양을 위한 특강 및 체험활동 – 음악을 통한 정서함양을 위한 체험활동

학생 진로 세부활동

전라북도 교육청 주관 '찾아가는 수학체험 이동교실 참여하여 수학적 원리는 깨닫고 수학적으로 생각하는 힘을 기르게 됨

'제4차 산업혁명과 소통 플랫폼' 특강 참여한 후 '튜링 기계'가 현대 컴퓨터의 시초가 된 배경, 애니그마 암호체계를 완벽하게 해독하여 독일 U보트를 괴멸시키게 된 과정을 흥미롭게 소개, 「이미테이션 게임」 영화와 관련 도서를 통해 튜링의 생애에 대한 연구를 진행함.

경제 금융캠프 연수 프로그램으로 한국거래소, 금융감독원 등 금융기관 방문 및 진로와 연계한 간접적 체험을 함.

진로체험활동으로 한국잡월드를 방문하여 증권회사를 체험하면서 소프트웨어프로그램을 이용하고 이를 바탕으로 R 프로그램에 대한 자기주도연구를 진행함.

진로, 진학, 교과 연계 동아리활동	[나눔을 통한 참 인성, 참 학력 신장 프로그램 운영] – 다양한 주제 탐구 인터뷰 활동 – 꿈과 끼를 키우는 진로탐색 프로그램 – 공동체 의식 함양 / 중국 일본 문화체험 – 체험을 통한 수학의 재미 알아가기 – 신문을 통해 사회 바라보기 – 역사문화탐방 / 경제동아리 – 꿈이 숨쉬는 상생과 치유의 인문학 – 소논문 쓰기

학생 진로 세부활동

ECONOMY 동아리 부원으로 NIE 경제신문 스크랩, 경제토론논술발표대회를 실시하고 축제에서 동아리 부스 운영–동아리 홍보 및 경제퀴즈대회, 경제금융연수 및 법 연수 프로그램 추진, 한국은행, 생명보험협회, 헌법재판소 방문 등의 활동을 함.

Study Students 부장으로서 부원들이 각자 맡은 과목을 성실히 할 수 있도록 격려하고, 학교에서 주어진 자율 시간에 다 같이 모여 공부하며 협동심과 자기주도적인 학습 능력을 기름.

썰전 부원으로 생활 속에 쓰이는 통계 자료에 관심을 갖고 어떤 현상이 일어나는 비율과 원인을 분석함.

 자기소개서 사례

(자기소개서 1번) 고등학교 재학기간 중 학업에 기울인 노력과 학습 경험에 대해, 배우고 느낀 점을 중심으로 기술

Prominent Turing(튜링)

튜링은 제2차 세계대전에서 총을 들지 않고 영국을 승리로 이끈 인물입니다. 세계 역사의 흐름에 약했던 저는 근·현대로 갈수록 길어지는 인물 이름과 복잡해지는 전쟁과정에 지쳐있었습니다. 그때 선생님께서 "얘들아, 튜링이라는 이름을 들어본 적 있니? 튜링은 이 시기에 등장한 인물인데 독일과의 전쟁 중에 인간의 힘으로 풀어내기 힘든 암호를 해독해 영국의 승리에 기여했단다."라고 하시며 통계를 이용해 암호를 해독한 인물에 대해 소개해 주셨습니다. 마침 데이터를 이용한 통계에 관심을 갖고 있던 제게 '튜링'의 이야기는 흥미롭게 들렸고 인물탐구대회에 참여하는 계기가 되었습니다. 컴퓨터공학의 아버지이자 수학자였던 튜링은 암호 해독반 사람들이 책상 앞에 앉아 그날의 암호를 해독하려 애쓸 때 기계를 만들기 시작한 인물이었습니다. 그에 대해 알아보고자 구글링을 하던 중 알게 된 튜링의 삶과 업적을 그린 영화「이미테이션 게임」을 통해 '튜링머신이 완성되기까지 어떤 노력이 있었는지', '튜링테스트가 어떻게 고안되었는지' 등을 알 수 있었습니다. 그동안은 데이터의 의미를 학교에서 배운 의미로만 알고 있었는데 튜링의 이야기를 찾아보면서 단순한 단어로만 여겨지던 '데이터 분석가'라는 꿈을 좀 더 현실적으로 받아들일 수 있게 되었습니다. 모두의 비난에도 끊임없는 노력으로 암호 해독에 성공한, 그래서 총을 들지 않고도 영국을 승리로 이끈 '튜링'이라는 인물에게 저는 prominent(저명한)이라는 단어를 붙여 말하고 싶습니다. 모두가 NO라고 말할 때 YES라고 외칠 수 있는 것이 자신감이자 잠재가능성이라 생각합니다. 튜링과 같이 시작한 일을 성공적으로 끝낼 수 있는 무한한 가능성이 제게도 있다고 생각합니다.

전문가 분석

자소서 1번	제목: 튜링을 통한 데이터 통계연구		
	4번 수상경력	**7번 창체활동**	**9번 독서활동**
학생부 항목	• 1학년: 경제토론논술발표대회/은상(3위) • 1학년: 영어협동학습대회/은상(3위) • 2학년: 매원법경시대회/동상(4위) • 2학년: 경제토론논술발표대회/금상(2위)	• 동아리 활동: 1~3학년 (ECONOMY) NIE 경제신문 스크랩, 경제토론논술발표대회 실시, 축제에서 동아리 부스 운영-동아리 홍보 및 경제퀴즈대회, 경제금융연수 및 법 연수 프로그램 추진.	• 3학년(과학): 과학자들이 들려주는 과학이야기 – 튜링이 들려주는 암호이야기 〈오채환〉, statistics 〈Shin Takahashi〉, • 빅데이터 인간을 해석하다 〈크리스티안 루더〉

	· 진로활동: 2학년 경제 금융캠프 / 2학년 청소년참여 컨퍼런스 경제분과 참여 / 3학년 '제4차 산업혁명과 소통 플랫폼' 특강 참여

8번 교과세부능력 및 특기사항
· 2학년(세계사): 역사인물 탐구 활동에 참여해 '앨런 튜링'을 주제로 삼아 2차대전의 숨막히는 반전을 흥미롭게 묘사함. '튜링 기계'가 현대 컴퓨터의 시초가 된 배경, 애니그마 암호체계를 완벽하게 해독하여 독일 U보트를 괴멸시키게 된 과정을 흥미롭게 소개함. 「이미테이션 게임」 영화와 관련 도서를 통해 튜링의 생애를 더욱 깊이 알아봄.

전문가 총평	꾸준한 경제 관련 학업에 노력한 모습이 인상적이며, 4차 산업의 발전을 인지하여 전공을 바꾸려 노력하고 생각하는 자세를 높이 평가할 수 있습니다. 특히 3학년 때 튜링에 관한 책을 읽고 조사하여 발표한 후 4차산업에 대한 관심으로 진로를 바꾸게 된 일들을 자소서를 통해 언급하면서 관심을 끌 수 있었습니다. 이를 통해 경제 관련 학업에서 통계로의 전환을 자연스럽게 연계하였고 준비한 면접에 대비할 수 있어 좋은 결과를 얻게 되었습니다.

 면접문항

Q 튜링은 어떤 사람이고 무엇을 했는지요?

Q 튜링 테스트는 무엇인가요?

 자기소개서 사례

(자기소개서 2번) 고등학교 재학기간 중 본인이 의미를 두고 노력했던 교내 활동을 배우고 느낀 점을 중심으로 3개 이내로 기술

　경제토론논술발표대회는 교내 활동 중 가장 의미를 두고 한 활동입니다. 평소 한 권의 책을 읽더라도 깊이 있게 읽고 나만의 언어로 정리하는 것을 좋아했던 제게 '경제'라는 특정 분야의 책을 읽고 토론하는 것은 새롭고 즐거운 경험이었습니다. 그 중 기억에 남는 것은 2학년 때 '빅데이터, 인간을 해석하다'에 대한 다른 조의 발표입니다. 일상생활에 관한 데이터를 분석하여 의미 있는 데이터로 만들고 미래를 예측하는 '빅데이터'는 경제학에 빠져있던 제게 '데이터

분석가'라는 새로운 직업을 알게 해주었습니다. 직업에 대한 관심은 '경제와 데이터를 이용한 통계를 접목시킨다면?'이라는 궁금증을 낳았고 제가 찾은 답은 '적은 위험성과 높은 안정성을 주는 금융상품을 개발할 수 있을 것이다'였습니다. 이후, 경제학과 데이터의 접목이라는 꿈을 이루기 위해 여러 학교의 교육과정을 찾아보았습니다. 그 중 1학년 때는 소프트웨어를 배움으로써 프로그래밍의 기초를 다지고 빅데이터를 분석하는 일을 할 수 있는 정보융합학부가 제게 꼭 맞는다고 생각했습니다. 소프트웨어를 바탕으로 데이터사이언스로 나아가 현대사회에 필요한 '시기별 맞춤 금융상품'이 개발되는 것을 앞당기고 싶습니다.

청소년참여위원회(청참위) 활동을 하며 변화된 제 모습을 발견할 수 있었습니다. '청참위'는 각 지역의 청소년들을 대표하여 청소년에게 필요한 안건을 제안하는 참여기구입니다. 처음 활동을 시작할 때는 주변에서 생활기록부에도 적을 수 없는 활동을 왜 하려 하느냐 물었지만 제게는 활동을 통해 얻고 싶은 한 가지가 있었습니다. 어릴 때부터 소극적인 성격이었던 저는 수업 중에 궁금한 것이 생겨도 수업이 끝난 후 따로 선생님을 찾아가 질문해야 했고 학년이 올라갈수록 잦아지는 발표수업이 두려웠습니다. 학기 초, 올해의 계획을 세우며 이를 극복하자는 마음으로 청참위에 도전하였습니다. 처음엔 자기소개조차 어렵게 느껴졌지만 제가 먼저 다가가자 위원들이 마음을 열어주었고 소통할 수 있었습니다. 회의를 하면서 배운 것은 의견을 정확하게 전달하는 방법이었습니다. 제가 낸 안건이 채택되기 위해서는 지금 청소년들이 불편을 겪고 있는 문제가 무엇인지 찾고 공감할 수 있는 해결방안을 제시해야 했습니다. 그래서 관련 자료를 조사하고 종합하다 보니 생각을 하나로 모아 의견을 정확히 전달하는 법을 배울 수 있었습니다.

자소서 2번	제목: 경제토론 논술발표대회, 청소년 참여 위원회		
	4번 수상경력	7번 창체활동	9번 독서활동
학생부 항목	• 1학년: 경제토론논술발표대회/은상(3위) • 1학년: 영어협동학습대회/은상(3위) • 2학년: 매원법경시대회/동상(4위) • 2학년: 경제토론논술발표대회/금상(2위) • 3학년: 선행상	• 자율활동: 2학년 헌법이야기 강연 참여 • 동아리활동: 1~3학년(ECONOMY) (NIE 경제신문 스크랩, 경제토론논술발표대회 실시, 축제에서 동아리 부스 운영–동아리 홍보 및 경제퀴즈대회, 경제금융연수 및 법 연수 프로그램 추진. • 진로활동: 2학년 경제 금융캠프 / 2학년 청소년참여컨퍼런스 경제분과 참여 / 3학년 '제4차 산업혁명과 소통 플랫폼' 특강 참여	• 1학년(경제): 17세가 읽는 행복한 경제학 〈이득재〉, 포르쉐를 탄 경제학 〈에노모토 사토시〉, 문제는 경제다 〈선대인〉, 괴짜경제학 〈스티븐 레빗, 스티븐 더브너〉 • 2학년(경제): 10대를 위한 재미있는 경제 특강 〈조준현〉, 청소년을 위한 경제의 역사 〈니콜라우스 피퍼〉 • 3학년(과학): 빅데이터 인간을 해석하다 〈크리스티안 루더〉

8번 교과세부능력 및 특기사항
• 2학년(경제): 생활 속에서 알아두어야 할 청소년 금융지식의 함양과 신용관리 방법에 대해 습득하였고, 재테크의 수단과 방법, 올바른 소비 습관에 대해 토론함. 경제과 수업시간에 금융맹의 탈출을 목표로 '청소년의 잘못된 소비'를 주제로 한 주제별 동영상을 제작하여 모둠별로 발표함. • 3학년(독서와문법): 독서 지문 중 '통계의 함정'이라는 주제로 쓰인 글을 접하였을 때 통계 그래프의 해석 과정에서 함정에 빠지는 이유에 대해 이해하고 필자의 집필 의도를 정확하게 짚어냄. • 3학년(영어): '영어로 자기소개하기' 활동에서 관심직업인 '빅데이터전문가'에 대해 소개함.

| 전문가 총평 | 상위권 대학에 진학하기에는 다소 부족함이 있었지만, 본인의 자기주도적 학습능력이 뛰어납니다. 특히 경제토론 논술발표대회에 지속적으로 도전하면서 경제 관련 지식을 넓히는 기회가 되었고 생활기록부에는 기재되지 않았지만 R 프로그램을 이용한 통계분석을 공부할 만큼 전공을 위한 노력이 많이 보이는 학생입니다. 또한 청참위 활동을 통해 소극적인 자세를 적극적으로 바꾸는 경험과 노력을 통해 변화된다는 것을 보여주었습니다. |

 면접문항

Q 데이터 분석을 좋아하는가요?

Q 문과인데 교차지원하면서 과를 지원한 동기는 무엇인가요?

한국외국어대학교_ 학생부종합전형

글로벌 어학역량과 청소년 교내 스포츠
프로그램 활성화에 관심 많은
전문 스포츠 통역가를 꿈꾸다.

국제스포츠레저학부/ 청주외고 최유빈

로드맵

구분	1학년	2학년	3학년 1학기
자율활동	체육부차장 학급행사관리담당	학생체육부부원 모의UN회의 글로벌페스티벌	교내체육한마당심판담당 에코프렌들리마켓 스포츠에세이대회
동아리활동	영자신문반	중국어시사토론	중국고전탐구
	ISD(국제스포츠 자율동아리)		국제VOW(자율동아리)
	도담도담(자율동아리)	국제통번역(자율동아리)	번역L.T.(자율동아리)
봉사활동	방주지역아동센터 교육봉사		
	두꺼비 생태공원 환경봉사		청주시티FC 자원봉사
진로활동	진로페스티벌 교내당송문학콘서트 교내중국문화페스티벌 중국어과 전공체험	중국어과 문화체험활동 교내당송문학콘서트 중국어원어UCC한마당 중국어과 문화체험활동	동아시아사 정복소모임 중국문화골든벨 중국어공익UCC한마당
진로독서	스포츠 마케팅 쪼개기 〈이승용〉 더 큰 나를 위해 나를 버리다 〈박지성〉 스포츠 사이언스 〈김기진〉 스포츠 비즈니스 인사이트 〈박성배〉		

교과	1학년 1학기	1학년 2학기	2학년 1학기	2학년 2학기	3학년 1학기
국어	3	3	2.5	3	3
수학	2	4	2	2	3
영어	2	2	3.5	1	2.2
사회	4	3	2	3	3
과학	1	3			5
	1학년	2학년	3학년	전체	
전 교과	3.54	2.8	3.67	3.29	
계열 교과	2.88	2.35	2.6	2.61	

2018학년도 수시전형 지원대학 합·불 결과

대학명	전형명	모집단위	최저학력기준	합·불여부
한국외대	학생부종합전형	국제스포츠레저학부	×	합격
국민대	국민프런티어전형	중국학부 중국어문전공	×	합격
성균관대	글로벌인재전형	스포츠과학과	×	불합격
경희대	네오르네상스전형	중국어학과	×	불합격
한양대	학생부종합전형	중어중문학과	×	불합격
한국외대	학생부교과전형	국제스포츠 레저학부	국영수 중 1개 영역 3등급, 한국사4등급	불합격

 합격포인트

Q1 한국외대 학생부종합전형 국제스포츠레저학부를 선택하게 된 이유는 무엇인가요?

A1 외고 중국어과에 입학 이후 대학 진학 역시 중국어과 관련 지원을 고민하다 3학년 때 진로를 스포츠 관련 통역학과를 생각하던 중에 한국외대 '국제스포츠레저학부'를 알게 되었습니다. 다행히 1,2학년 때 국제스포츠 동아

리에서의 활동과 학생회 체육부에서 다양한 교내체육 프로그램 참여 및 활동 경험사례와 특히 학과 특성상 대부분 수업이 영어로 진행되며 무엇보다 영어교과 성적이 타 교과대비 우수한 점을 고려해서 학생부종합전형에 적극 지원하게 되었습니다.

Q2 최종합격에 결정적인 영향을 미친 요소는 무엇이라고 생각하나요?

A2 타 지원자 대비 비교과활동이 상대적으로 부족했고 더불어 진로 변경에 따른 소명이 필요했기에 자기소개서 작성에 많은 시간을 보냈습니다. 특히 자기소개서 항목별로 요구하는 평가항목에 유의하면서 많지 않은 교과 및 비교과활동들을 자소서에 잘 녹여 내려고 노력하였으며 무엇보다 지원학과 정보 및 특성에 맞는 특장점을 최대한 어필하려고 한 것이 최종합격에 결정적인 영향을 주었다고 생각합니다.

학교 교육목표와 특색사업을 활용한 활동 특장점 분석

학교 교육목표	특색사업
즐거운 수업 행복한 학교	[자기 연찬에 기반한 배움 중심의 수업문화 정착] – 전교사 수업 공개 (연2회) – 외부 전문가 초청연수(교직원, 학생) – 학생 중심의 프로젝트 수업 활성화 – 전교사 자기 수업 모니터링제 운영

학생 진로 세부활동
1학년: 전문가특강–광고로 보는
대중문화와 라이프스타일
3학년: 신흥 상생 포럼 – 공정무역운동의 실효성과 빈곤문제의 대안
동아시아사 정복 소모임

즐거운 수업 행복한 학교	[수업 탐구 모임의 활성화] – 좋은 수업 탐구를 위한 교사모임 활성화 – 인문학적 감수성을 길러주는 수업 모색 – 학생 중심의 다양한 학습 동아리 운영 – 소통과 공감이 있는 학생과의 대화법 탐구

학생 진로 세부활동
1학년: 영자신문반/도담도담(자율)
2학년: 중국어시사토론/국제번역(L.T.)/글로벌스포츠(I.S.D.)
* 3학년: 중국고전탐구/국제(V.O.W.)/국제번역(L.T.)

꿈을 키우는 글로벌 인재 양성	[1인 2외국어 구사능력배양] – 특화된 전공어별 교육과정 운영 – 1+1 외국어 능력 취득 – 전공어 소식지 발간 – 원어민과 함께 하는 외국어 교실 운영

학생 진로 세부활동
1학년: 한가람축제 전공어 합창제
교내 중국어과 원어노래 한마당, 교내당송문학콘서트
교내 중국문화 페스티벌, 원어UCC한마당
2학년: 제2회 글로벌페스티벌
중국어과 문화체험활동, 당송문학콘서트
중국어 원어UCC한마당, 중국어과 문화체험활동
3학년: 중국어 공익광고 UCC한마당.중국문화골든벨

꿈을 키우는 글로벌 인재 양성	[전공어별 국제교류 프로그램 운영] – 호주 자매 교류 프로그램 운영 – 독일 함부르크 청소년 교류 – 일본 고등학교와 교류 프로그램 운영 – 블라디보스톡 소재 학교와의 문화교류

학생 진로 세부활동
호주 자매 교류 프로그램 참여

(자기소개서 2번) 고등학교 재학기간 중 본인이 의미를 두고 노력했던 교내 활동을 배우고 느낀 점을 중심으로 3개 이내로 기술

2년간 국제스포츠동아리에서 활동하며 스포츠 전문지식을 쌓은 것은 물론 영어실력도 향상시키면서 제 꿈인 프로스포츠 통역가에 한걸음 다가설 수 있었습니다. 특히 저는 여러 활동 중 '모의 월드컵 개최지 선정'을 주제로 한 영어토의가 가장 기억에 남습니다. 토의를 하기 위해 조별로 개최후보국을 선정하였는데 저희 조는 중국을 선택하였습니다. 기후가 온화하여 축구선수들이 경기를 하기가 적합하고 숙박시설 등 문화관광 시설이 잘 갖추어져 있을 뿐만 아니라 축구에 대한 중국 국민들의 관심과 열의가 대단하기 때문에 월드컵을 개최하기에 적합한 환경이라고 생각했습니다. 저는 중국 대사가 되어 중국이 월드컵 개최국으로 선정될 수 있도록 영어 연설문을 작성하여 발표하였고, 다른 나라 대사들의 발표를 들으며 어떤 나라들이 월드컵 개최에 적합할지 생각해 보았습니다. 또 월드컵이 한 번 유치되기 위해서는 정말 많은 국가와 기관들의 노력이 필요하다는 것을 깨달았습니다. 그런데 자료조사 중 2022년 개최예정인 카타르 월드컵이 문제점이 많다는 기사를 접하게 되었습니다. 갈수록 월드컵 유치전이 치열해지고 있고, 이 과정에서 여러 문제가 발생하고 있기 때문에 우리가 더욱 관심을 가지고 공정한 월드컵 유치를 위해 노력해야 한다고 느꼈습니다. 이 활동 경험을 바탕으로 3학년 때는 '모의 올림픽 개최지 선정'을 주제로 한 에세이 대회에도 참가해 보며 평창 동계올림픽에 대해서도 고찰해 보는 계기가 되었습니다.

자소서 2번	제목: 국제스포츠동아리활동을 통한 '프로스포츠 통역가'의 진로경험		
	4번 수상경력	7번 창체활동	9번 독서활동
	• 1학년: 중국어애니메이션 체험한마당(장려) • 2학년: 중국어애니메이션 체험한마당(장려)	• 동아리활동(1학년: ISD 국제 스포츠동아리) • 동아리활동(2학년: ISD 국제 스포츠동아리): '모의 월드컵 개최지 선정' 영어토론에서 중국대사와 국제스포츠 위상 경험 • 진로활동(3학년: 스포츠에세이대회): 국제지역사회 올림픽 홍보방법을 고찰하는 계기	• 1학년(공통): 스포츠 마케팅 쪼개기 〈이승용〉 • 2학년(공통): 스포츠 사이언스 〈이정찬〉 • 3학년(중국문화): 베이징 특파원 중국문화를 말하다 〈홍순도〉
학생부 항목	8번 교과세부능력 및 특기사항		
	• 2학년(심화영어회화): 1:1 영어면접과제에서 중국어통번역 회사의 면접을 보는 것처럼 질문에 대한 답변을 설명함. • 2학년(방과후 수업–중급영상 중국어반): 한국광고를 중국어로 번역하여 밴드 및 웨이보에 게재함. • 3학년(영어II): 중국의 스포츠문화에 대한 영문보고서 작성을 통해서 중국의 인기스포츠 및 스포츠 브랜드에 대해서 탐구함.		
	10번 행동특성 및 종합의견		
	• 1학년(예체능): 교내체육대회를 앞두고 다양한 종목에 있어 사전기획 및 협력을 통해서 스포츠문화를 형성 • 2학년: 교내체육대회에서 스포츠부원으로 모든 체육대회 기획·총괄·심판하는 역할		
전문가 총평	학생은 2학년까지 '중국어 통번역가'라는 진로에서 3학년 때 '프로스포츠 통역가'라는 진로 변경의 소명이 될 수 있는 경험사례로 자율동아리인 국제스포츠동아리에서 국제수준의 스포츠 경기를 진행하는 과정에서의 진로 관련 모의경험을 잘 기술하였습니다. 특히 본인의 중국어과에서 진행된 다양한 문화교류프로그램에서 체험한 중국의 스포츠문화에 대한 이해도를 바탕으로 평소 강점인 영어를 최대한 활용한 연설문 작성 및 주제 관련 영어토론 등의 경험 사례 등은 지원학과 관련 전공을 이해하고 추후 전공을 수학할 수 있는 역량을 최대한 어필할 수 있는 가장 좋은 자기소개서 2번 스토리로 보입니다.		

 면접문항

Q 국제스포츠 동아리에서 모의월드컵 개최지를 선정했다고 되어 있는데 최종 개최국과 그 이유는 무엇인가요?

Q K리그 현재 1등, 2등 팀이 어디인지 아세요?
Q 우리가 왜 본인을 선발해야 하는지 설득해 볼래요?

 자기소개서 사례

(자기소개서 4번) 해당 모집 단위에 지원하게 된 동기와 이를 준비하기 위해 노력한 과정이나 지원자의 교육환경(가정, 학교, 지역) 등이 성장에 미친 영향 등을 경험을 바탕으로 구체적으로 기술

처음엔 그저 운동과 언어가 좋아서 운동선수들에게 통역을 해주는 통역가가 되어야겠다고 생각했습니다. 그러다 진로에 대한 정보검색을 하던 중 프로팀에서 외국인 선수들에게 통역과 매니저 역할을 담당해 주는 '프로스포츠 통역가'라는 직업을 알게 되었습니다. 외국어에 자신이 있고, 스포츠를 좋아하며, 사람들과의 커뮤니케이션을 즐기는 저에게는 매우 적합한 직업이라고 생각했습니다. 프로스포츠 통역가가 되기 위해 필요한 자질에 대해 생각해 보니 뛰어난 언어능력, 스포츠에 대한 전문지식과 경험이 중요했습니다. 그래서 전공어인 중국어 외에도 영어를 잘하기 위해 꾸준히 『Matilda』, 『Pride and Prejudice』 등의 영어원서를 읽으며 영어지문을 해석하고 이해하는 능력을 길러왔습니다. 최근에는 BBC스포츠영어뉴스를 시청하며 영어 청해 능력을 기르는 동시에 스포츠 이슈에 대한 지식을 쌓아오고 있습니다. 또한 청주시티FC와 청주FC 간의 K3리그 축구경기 자원봉사를 통해 스포츠 현장을 경험하며 스포츠 분야에 대한 저의 꿈을 더욱 확고히 다질 수 있었습니다.

자소서 4번	제목: 외국어 활용능력 및 진로 관련 탐구활동&봉사활동을 통한 준비된 인재		
	4번 수상경력	6번 진로희망사항	7번 창체활동
학생부 항목	• 2학년: 중국어겨울방학우수과제물(최우수상) • 2학년: 학업상(심화영어,심화영어회화I)	• 2학년(중국어통번역가): 중국어를 활용한 다양한 통역/번역 역할 • 3학년(프로스포츠 통역가): 외국인운동선수들에게 현장전문 통역역할	• 1학년(생명과학): 내 몸 안의 지식여행 인체생리 〈다나카 에츠로〉 • 2학년(공통) 동아리활동(1학년: 영자신문반): 소속고교 원어민 선생님 대상 인터뷰 기사 작성, 제1회 청주외고 영자신문 발간 • 동아리활동(2학년: 국제통번역): 중국의 다양한 문화 및 문학장르를 번역 및 발표 • 동아리활동(3학년: 국제통번역): 동아리부장으로서 다양한 통번역 프로젝트 추진 • 봉사활동(3학년): 청주FC경기 진행자원봉사: 세포들의 반란 〈만프레트 라이트〉

	8번 교과세부능력 및 특기사항
	• 2학년(심화영어회화): 1:1 영어면접과제에서 중국어통번역 회사의 면접을 보는 것처럼 질문에 대한 답변을 설명 및 우수한 영어멘토링 활동을 함. • 2학년(방과후 수업 – 중급영상 중국어반): 한국광고를 중국어로 번역하여 밴드 및 웨이보에 게재 • 3학년(영어II): 중국의 스포츠문화에 대한 영문보고서 작성을 통해서 중국의 인기스포츠 및 스포츠 브랜드에 대해서 탐구

	9번 독서활동
	• 2학년(공통): Matilda 〈Roald Dahl〉, Night at the Museum 〈Leslie Goldman〉, Charlotte's Web 〈E.B.White〉 • 3학년(공통): Pride and prejudice 〈Jane Austen〉, The Giver 〈Lois Lowry〉

전문가 총평	학생은 학생회 체육부 차장 및 부원으로 학생들의 교내 스포츠 프로그램 참여를 유도하며 체육한마당에서 심판역할을 하면서 학업 외에 교내 체육활동을 통한 풍부한 경험활동을 하였습니다. 특히 지원학과인 '국제 스포츠레저학부'에서 요구하는 글로벌 리더로서의 어학활용 능력은 소속고교의 다양한 중국어과 관련 합창제, 문학콘서트, 문화체험활동을 통해서 관련 수상실적 결과 외에도 향후 스포츠 통역에 필수인 영어활용 경험사례를 영어와 중국어 교과수업을 통한 수행평가와 멘토링 외에도 통번역 자율동아리에서 스포츠 관련 다양한 이슈들을 고찰해 봄으로써 지원학과 관련의 준비된 인재임을 충분히 증명해 보였다고 할 수 있습니다.

💡 면접문항

Q 읽었던 책 중에 우리에게 소개해 주고 싶은 책이 있나요?

Q 한국외대 외에 어디에 지원했었나요?

건국대학교_ KU자기추천전형

사회적 기업을 꿈꾸는
경영학도를 그리다.

경영학부 / 경남지역 경남외고 김○○

로드맵			
구분	1학년	2학년	3학년 1학기
자율활동	통일교육(북한인권) 세계시민교육(교육권) 다문화(법률, 복지) 아동인권교육(법률)	기아문제 토론 청소년 사회문제 토론 고리원자력 발전소 – 지역경제 보고서	최저시급·다문화 조사 K무크 – '소비자와 시장' 수강 한국문화 4차 산업 보고서 작성
동아리활동	토론동아리(사법고시 노키즈존 안락사)		자율동아리(유해시설토론)
		자율동아리(수학)	자율동아리(법률) 기본생활권 /사회법/사회보장법 발표
	스포츠동아리		
봉사활동	봉사소양교육 후 OECD 국가 중 행복지수 높일 수 있는 방법 고민, 수화교육 후 장애인 차별문제의 원인과 해결방법 모색		
진로활동	아프리카구호법미국영사 미국영사 – 국제법 조사 기업경영, 투자법 조사	일본 저출산보고서 작성 트럼프우선주의 영향 조사 중국자본주의 사회변화 조사 소수민족에 대해 조사	한·일 고령화사회 보고서 작성 한·중국 유교 가치관 비교 트럼프케어, 오바마케어 민영 의료화 보고서 작성
진로독서	30분 경제학 〈이호리 도시히로〉 사회계약론 〈장자크 루소〉 탁석산의 한국의 정체성 〈탁석산〉 노동 없는 민주주의의 인간적 상처들 〈최장집〉 핀볼효과 〈제임스 버크〉		

교과	1학년 1학기	1학년 2학기	2학년 1학기	2학년 2학기	3학년 1학기
국어	9	8	7	6	5
수학	2	4	4	2	2
영어	6	6.5	7	6.5	5
사회	6.5	6.5	6	6	7
과학	8	7	5.5	7	-
	1학년	2학년	3학년	전체	
전 교과	5.5	5.8	4.5	5.4	
계열 교과	6.0	6.1	4.7	5.8	

2018학년도 수시전형 지원대학 합·불 결과

대학명	전형명	모집단위	최저학력기준	합·불여부
건국대	KU자기추천전형	경영학과	×	합격
한양대	학생부종합전형	경제금융학부	×	불합격
경희대	네오르네상스전형	경영학과	×	불합격
부산대	논술전형	국제학부	3개 합 6 이내	불합격
성균관대	논술전형	경영학과	국, 수, 탐 중 2개합 4 이내	불합격
중앙대	논술전형	경영학부	×	불합격

 합격포인트

Q1 건국대 학생부종합전형을 선택하게 된 이유는 무엇인가요?

A1 학생부종합전형은 교과활동뿐만 아니라 비교과활동까지 골고루 보는 전형입니다. 이런 전형은 학생들의 자기계발활동, 다양한 분야에 대한 경험 등을 토대로 하여 대학에 적합한 인재를 뽑습니다. 저는 특목고 학생이고 특목고에서는 다른 일반고와 달리 다양한 경험을 접할 수 있습니다. 또한 자

신이 가고자 하는 대학에서 필요로 하는 자질을 쌓을 수 있는 기회가 많았습니다. 덕분에 경험치 많은 탄탄한 생기부를 가질 수 있었고 이에 맞는 전형이 학생부종합전형이라 생각하여 선택하게 되었습니다.

Q2 최종합격에 결정적인 영향을 미친 요소는 무엇이라고 생각하나요?

A2 생기부에 적힌 다양한 활동과 경험, 탄탄한 자소서, 그리고 자신감 있는 면접 태도 같습니다.

학교 교육목표와 특색사업을 활용한 활동 특장점 분석

학교 교육목표	특색사업
교훈을 바탕으로 학생 스스로 폭넓은 독서활동을 통하여 창의력과 자기주도적인 학습 능력을 신장 [미래사회가 요구하는 전문적인 지식과 자질을 갖춘 글로벌 리더]	[독서교육의 활성화] – 개인별 독서활동 실시 – 주제 토론활동 활성화

학생 진로 세부활동
밤샘책읽기 등 다양한 분야의 독서로 사회 전반에 걸친 관심 어필, 사회에 관심을 가진 경영학도를 자소서에 표명

지적능력의 함양과 함께 이웃과 더불어 살아가는 공동체 의식을 함양 [지역사회에 기여하고 미래 국제사회를 이끌어 나갈 덕성과 품성을 겸비한 인재]	[1인 다특기 육성 동아리 활성화] – 전교생 창체동아리 1개 활동 – 자율동아리 1개 이상 활동 – 스포츠 1개 이상 활동

학생 진로 세부활동
토론동아리 – 사법고시, 노키즈존, 안락사 등 사회적 현상 토론 및 해결방안 제시
수학동아리 – 다항함수의 미분법 풀이
자율동아리 – 고리원자력 발전소 경제적 영향 보고서 작성 '유해 시설법만으로 학생을 보호할 수 있는가' 토론

양심을 원리로 하는 성실인 [성실하게 학업에 충실하는 학생]	[토론 수업의 활성화] - 각 교과별 특성과 단원의 내용에 따라 수업시간의 약 20% 내외를 토론 수업으로 진행 - 사회적 이슈가 되고 있거나 학습 내용과 관련이 있는 주제를 토론하고 발표

학생 진로 세부활동
과목 관련 지식에서 확장된 토론과 발표로 자신만의 생각 확장
1학년 국어 - '허생전' - 허생에 대한 평가에 대한 찬반의견
영어 - 체르노빌 사고 원인과 피해현황/소년법 에세이 Writing
방과후 시사토론반 - 캣맘 벽돌사건, IS의견 발표
2학년 영어 - 원전의 안전성 에세이, 한국지리-통일의 필요성
3학년 영어 - '난민을 받아들여야 하는가' 영어토론
일본문화 - 한국·일본의 저출산 문제 - 내수불안, 교육불안 등
6개부분으로 나누어 분석 및 해결방안 제시

신의를 원리로 하는 협동인 [서로 돕고 예의바른 학생]	[국제 사회를 이끌어가는 글로벌 교육 활성화] - 국제이해를 위한 외교관 초청 Culture Day - 자매학교 문화체험 및 학술교류

학생 진로 세부활동
외국 영사강의 후 한국과 공통점·차이점 비교 보고서 작성
1학년 - 미영사강의 - 국제 간 무역 위한 대외무역법, 국제법 등 조사
2학년 - 일영사 강의 - 저출산 문제 비교
미영사 - 트럼프의 우선주의 영향 조사
중영사 - 자본주의 유입이 중국사회에 미친 영향 조사
3학년 - 일영사 강의 - 한일 저출산 비교: 근본적원인, 해결방안 조사
중영사 강의 - 사드배치로 인한 이점, 환경·경제·사회 영향 조사

 자기소개서 사례

(자기소개서 1번) 고등학교 재학기간 중 학업에 기울인 노력과 학습 경험에 대해, 배우고 느낀 점을 중심으로 기술

수학 속 숨겨진 이야기

수학은 제 인생의 굴곡을 함께 달려온 동반자이자 꿈을 위해서 함께 갈 친구입니다. 주위에서 일어나는 여러 경제, 사회현상을 수학의 틀로 바라보면 명확한 관계를 발견할 수 있기 때문입니다. 처음 수학을 공부할 때 단순히 문제집에서 문제만 푸는 것이 전부였습니다. 그런데 토론 동아리활동을 하면서 접하게 된 통계자료는 수학에 관한 제 시야를 넓혀주었습니다. 노키즈존, 사법고시 폐지 등 사회의 다양한 문제에 관한 통계자료는, 단순 수치뿐만 아니라 성별과 연령 등 다양한 계층의 숨겨진 이야기가 있었습니다. 노키즈존의 찬반토론을 위해 통계자료를 이용하는 과정에서 친구들이 준비해 온 통계수치의 결과가 각각의 의견에 동의하는 수치가 비슷하다는 것을 알게 되었습니다. 왜 그럴까 곰곰이 생각하고 비교해 보니, 조사대상이 30대 기혼여성인지 20대 미혼남녀인지 즉, 표본추출에 따라 달라진 결과를 알 수 있었습니다. 통계자료의 분석에서는 눈에 보이는 수치보다는 표본추출, 자료의 연속적 분석과 복잡한 인과관계에 의한 해석이 필요하다는 것을 깨달았습니다. 그 후 사회를 바라볼 때도 수학의 눈이 필요하다고 느꼈고 문제집에서 만나는 수학뿐 아니라, 생활 속에서 활용되고 있는 통계지표와 금융 등의 분야도 찾아보았습니다. 미분의 개념을 이용해 사회발전에 따른 경제 발전의 방향성, 증가하는 생산에 비해 현저히 적은 노동자의 임금 등 여러 측면에서 사회문제와 경제문제를 바라볼 수 있었습니다. 또한 지수, 로그 등 비수열을 통해 복리, 이자계산법 등을 이해하고 쉽게 계산할 수 있었고, 은행적금 등의 수익을 계산할 수 있다는 것도 알게 되었습니다. 여러 수학적 결과 속 숨겨진 이야기를 찾아내면서, 단순히 문제를 빠르게 풀어내는 데 집중하던 것을 넘어 의미를 생각해 보며 공부할 수 있었습니다. 시각적 정보로만 문제를 해결하는 습관을 버리고 여러 관점에서 문제를 바라보는 자세를 익히며, 수학에 더욱 자신감을 느끼고 사회경영연구원으로서 기본자세를 배울 수 있었습니다.

자소서 1번	제목: 수학으로 다양한 사회현상을 분석		
	4번 수상경력	7번 창체활동	9번 독서활동
학생부 항목	• 수학경시대회(최우수상)	• 동아리활동(1학년: 카르페디엠 토론동아리): 사법고시 폐지 찬반토론/노키즈존 찬반토론에 참여 토론 분위기 주도 • 동아리활동(2학년: Echt 수학 자율동아리): 미분법에 대해 설명, 수학개념과 예시를 들어 설명	• 1학년(수학Ⅰ): 수학이 꿈틀꿈틀 〈샤르탄 포스키트〉 • 1학년(수학Ⅱ): 수학귀신 〈한스 마그누스 엔첸스베르거〉 • 2학년(미적분): '30분 경제학 〈이호리 도시히로〉 • 3학년 〈확률과 통계〉: 수학비타민 플러스 〈박경〉 • 3학년(공통): 핀볼 효과 – 우연적 사건의 연쇄가 세상을 움직인다 〈제임스버크〉

8번 교과세부능력 및 특기사항
• 1학년(사회): '사법고시 폐지 유예'를 조사함으로써 사회 근황을 관찰하고 찬반의견들을 숙고하여 자신의 찬성 측 생각을 밝힘. • 2학년(미적분Ⅰ): 수학적 사고력과 문제해결력이 뛰어나며 미적분의 전 부분에서 강한 면을 보이며 평수학공식이나 이론을 실생활에 적용시켜 학습함. 사회경제부문의 '한계효용의 법칙'을 도함수의 활용단원에서 극대와 극소 파트에 연관시켜 사고해 직접 그래프를 그려 재화를 더 소비할수록 만족치가 내려간다는 점을 이해함. 단순히 수학이론에 그치지 않고 실생활과 연관지어 거시적 관점에서 분석함. • 3학년(확률과 통계): 수학에 대한 열의가 있으며 자신만의 문제해결력을 바탕으로 수학적 지식이 향상되고, 문제해결력이 우수함. 함수의 의미를 정확하게 이해함.

10번 행동특성 및 종합의견
• (2학년): 진로에 대해 고민하고 관련 활동에 적극적으로 참여함. 원자력발전소가 사회에 미치는 영향에 대해 프로젝트팀을 형성해 토의와 토론을 통해서 연구보고서를 완성하여 작성함.

| 전문가 총평 | 학생은 처음 장래희망이 사회과학연구원이었으나 경영학과을 지원하게 되면서 자신의 장점인 수학을 내세우며 꿈이 바뀐 것에 대한 소명을 자연스럽게 했습니다. 단순히 수학을 열심히 공부한 내용을 나열하기보다는 자신이 학교에서 배운 수학공식을 이용해 실제 사회현상의 통계 분석한 내용을 토대로 수학적 지식을 확장해 나가는 모습을 보여주고 있습니다. 또 자신이 그동안 해왔던 다양한 활동들을 언급하며 미분과 사회문제를 연결지어 보며 사회 전반에 관심이 많은 경영학도로서의 모습을 보인 점이 우수합니다. |

 면접문항

Q 수학을 잘한다고 했는데 실제로 잘하는지 말해 주세요.

Q 친구들마다 가져온 통계치가 다르다고 했는데 이에 대해 자세히 말해 보세요.

 자기소개서 사례

(자기소개서 4번) 해당 모집단위에 지원하게 된 동기와, 이를 준비하기 위해 노력한 과정이나 지원자의 교육 환경(가정, 학교, 지역 등)이 성장에 미친 영향 등을 경험을 바탕으로 구체적으로 기술

경영학을 연구할 눈을 키우다

뉴스에 '한미 FTA 불확실성이 해소되며 코스피 0.39% 상승' 등 수치자료가 나올 때 저와는 동떨어진 이야기로 생각했습니다. 하지만 '트럼프의 미국 우선주의가 미국에 미치는 영향'에 대해 토론하던 중 미국뿐 아니라 수출 의존도가 높은 우리나라의 기업에 경제적 영향을 미친다는 것을 알게 되면서 사회현상이 경제에 미치는 영향에 대해 관심을 갖게 되어 경영학의 꿈을 가지게 되었습니다. 국경세가 실제로 실시되면 멕시코 등에서 제품을 생산해 미국에 판매하는 우리 기업들이 타격을 입게 된다는 것을 알고 기업의 입장에서 어떤 대책을 세워야 하는지 고민하던 중 떠오른 것이 '사회적기업'이었습니다. 사회적 가치를 우위에 두고 취약계층을 노동시장으로 연결하고 지역경제를 발전시키는 것을 모토로 하는 기업이 조성된다면 장기적으로 상품을 살 수 있는 잠재적 소비자가 늘고, 경제도 활성화되어 내수시장이 점점 활성화될 것이라고 생각했습니다.

기업과 사회 그 관계를 살펴볼 경영학도를 꿈꾸다

2학년 때 미적분을 공부하다가 '한계'라는 개념을 만나면서, 사회를 바라보던 관점이 바뀌기 시작했습니다. 한 요소를 더 투입할 때 얻게 되는 새로운 결과물을 찾을 때, 도함수를 미분공식으로 도출하면서 "실제로 우리의 노동현장

에서도 수학공식처럼 노동자를 더 투입하면 생산물의 양과 모두의 경제적, 사회적 만족도가 증가하는가?” 하는 의문이 생겼습니다. 그러던 중 '중국에서의 자본주의 유입이 미치는 영향'에 관한 토론준비 중 계획경제 속에서 시장경제를 양립시키려는 중국 역시 투자의 중복이나 비효율적인 기업의 존치로 공식에 딱 맞는 결과가 나오지 않는다는 것을 알 수 있었고 그렇다면 시장경제에 모두 다 맡길 경우 경쟁에 따라 비효율은 사라지고 모두가 만족할 수 있는 결과가 나오지 않을까? 하는 의견을 모으다 담임선생님의 추천으로 『팔꿈치 사회』를 읽었고 둘러보았던 실제 현실은 그렇지 않았습니다. 일단 우리나라 노동자의 노동 시간은 세계 평균보다 길며 노동시간을 줄여달라는 노동조합의 파업도 볼 수 있었습니다. 양을 늘린다고 해서 좋은 결과를 얻을 수 있다면 우리 사회는 수학공식처럼 행복한 결말을 얻어야 했지만 정작 현실은 그렇지 않았습니다. 노동 시간과 기업의 수익은 늘어났지만 그에 맞는 임금이 지급되지 않았고, 노동자들의 스트레스가 증가한다는 연구결과도 뉴스에서 접할 수 있었습니다.

따라서 우리나라의 고용과 물품 생산을 맡고 있는 하나의 경제주체인 기업이 책임감을 가져야 한다고 생각했습니다. 무리한 초과근로, 비정규직 문제 등은 부의 균등한 분배를 방해하고 우리 사회의 갈등을 키운다고 생각했습니다. 이 갈등을 줄이기 위해서 기업이 경제적·법적 책임뿐만 아니라 노동자의 인권과 복지를 중요시하는 기업을 추구해 윤리적 책임을 적극적으로 실천할 수 있고 좀 더 공평하게 부를 분배할 수 있는 새로운 경영기법을 만들어내고 싶습니다. 본 대학 경영학과에 진학하여 좋은 기업환경을 만드는 경영학의 눈을 높이고 싶습니다.

자소서 4번	제목: 자신만의 개성을 내세워 사회적기업에 대한 자신만의 철학을 보여주다		
	6번 진로희망사항	7번 창체활동	9번 독서활동
학생부 항목	• 2학년(사회과학연구원): 현재 우리나라에서 일어나고 있는 사회현상과 우리나라의 사회구조를 연관시켜 생각해 보며 심층토론을 통해 각 나라의 사회현상과 사회구조가 밀접한 관계를 갖고 있다는 것을 알게 됨. • 3학년(사회과학연구원): 사회분야에 관심이 많고 사회현상에 대해 심층적, 지속적으로 연구하여 사회에 기여하고 싶음.	• 자율활동(2학년: 미래희망기구 외부강사 초청 특강):기아문제에 관심을 갖고 경제적 불균형으로 인해 발생하는 빈부격차와 사회의 연관성과 문제해결을 위해 토론 후 결론을 도출 • 자율활동(3학년: 희망학과탐색하기-최저시급): 시애틀 15달러 최저시급 시행 1년 후의 결과 조사 후 결과에 대해 토론 • 동아리(3학년: P.O.J): 사회법에 대해 발표하며 사회법이 등장한 배경에 관심 경제적·사회적 현상과 관련시켜 국민의 기본생활권을 보장하는 이유를 들며 사회보장법을 강조 • 진로활동(1학년: 롯데 상사대표이사의 진로특강): 기업의 경영에 대해 듣고 투자나 기업 간 교류과정에도다양한 법률이 있음을 이해	• 1학년(심화영어): The Giver 〈Lois Lowry〉 • 1학년(사회): 아니야, 우리가 미안하다〈천종호〉 • 2학년(공통): 사회계약론 〈루소〉 • 2학년(공통): 십시일反〈박제동 외 9명〉 • 2학년(공통): 팔꿈치사회 〈강수돌〉 • 2학년(공통): 난장이가 쏘아올린 작은 공 〈조세희〉 • 3학년(영어II): Lord of the Flies 〈William Golding〉 • 3학년(심화영어회화II): Musica: The wisdom of the words most humble president 〈Lucas Sergio Cervigni〉

8번 교과세부능력 및 특기사항
• 1학년(한국사): 개별적 사건의 인과관계에 관심이 많은 학생으로 '원산 총파업'에 대해 조사하며 시위과정과 부당한 대우를 조사하여 발표함. • 3학년(심화영어회화II): "Should We Accept Refugees?" 주제로 난민 발생에 대해 사회·경제적 분석 및 이유를 경제적·사회적 이유로 분석함. • 3학년(사회문화): '모든 사람들은 왜 항상 평등할 수 없을까?'라는 주제에 의문을 가지고 '사회 불평등 현상의 이해' 파트를 공부하며 마르크스의 계급이론과 베버의 계층이론에 대해 학습함.

10번 행동특성 및 종합의견
• 평소에 배려하는 모습을 보이고 학우에게 어려움이 생기면 같이 협동하여 문제를 해결해 나감. • 아프리카가 세계적인 구호 속에서도 가난이 계속되는지에 대해 사회구조학적으로 접근, 조사하여 친구들과의 토론을 주도하며 현상에 관심을 갖도록 함.

전문가 총평	보통의 경영학과 지원학생들이 기업의 경영 측면에 초점을 맞추는 데 비해 학생은 사회 전반에 대한 관심과 소외계층과 함께 하고자 하는 자신만의 고민을 담은 점이 좋습니다. 자소서 1번에 이어 자신의 특장점인 수학을 사회현상에 연결지으며 수학적 사고 능력을 어필하였고 자신의 학교만의 장점인 외국영사특강과 토론경험을 살려 국내에서뿐만 아니라 타 국가의 사회현상을 비교분석한 점도 글로벌시대의 경영인으로서 갖춰야 할 덕목으로 보입니다. 경영학과와 자신의 관심 분야인 사회를 사회적기업이라는 확실한 자신만의 철학으로 담아내고 대책으로 내세워 좋은 반응을 이끌어낼 수 있었습니다.

 면접문항

Q 최저임금에 대해서 어떻게 생각하나요?

Q 사회적기업을 통해서 내수경제 안정이 가능하다고 했는데 어떻게 가능하나요?

경희대학교_ 네오르네상스전형

전공에 대한 열정과 다양한 활동
그리고 학교 특성을 살려
관련 자격증을 다수 확보하다.

Hospitality 경영학부 / 전북 특성화고 이자인

로드맵

구분	1학년	2학년	3학년 1학기
자율활동	국제 한식조리학교 직업체험	학급실장 조리 자격증 획득	순창 고추장 요리대회 조리자격증 획득
동아리활동	봉사 동아리		
	홈베이킹반	바리스타	
봉사활동	사랑의 목욕봉사		
		헌혈 및 요리 봉사	
진로활동	인 적성 검사		도내 식재료 활용 만찬행사
		교내 취업 캠프 및 요리 박람회	
진로독서	요리를 욕망하다 〈마이클 폴란〉 한국식 재료를 이용한 맛있는 프랑스 디저트 〈장 피에르 제스탱〉 조선왕조 궁중음식 〈한복려〉 고명: 아름다운 미를 얹다 〈유종하〉		

내신성적

교과	1학년 1학기	1학년 2학기	2학년 1학기	2학년 2학기	3학년 1학기
국어	3	1			2
수학	1	2			3
영어	1	1	1	1	1
사회	1	2	1	2	2
과학			3	2	

	1학년	2학년	3학년	전체	
전 교과	1.57	1.47	2.13	1.72	
계열 교과	1.57	1.47	2.13	1.72	

2018학년도 수시전형 지원대학 합·불 결과

대학명	전형명	모집단위	최저학력기준	합·불여부
우송대	잠재능력우수자전형	글로벌 한식조리학과	×	합격
세종대	창의인재전형	호텔관광 외식경영학부	×	불합격
경기대	KGU 학생부종합	외식.조리학과	×	불합격
전주대	특성화고전형	한식조리학과	×	합격
군산대	특성화고전형	식품영양학전공	×	합격
경희대	네오르네상스전형	Hospital 경영학부	×	합격

 합격포인트

Q1 경희대 네오르네상스전형 Hospitality 경영학부 선택하게 된 이유는 무엇인 가요?

A1 저는 요리하기를 좋아해서 특성화고를 선택했습니다. 그리고 저처럼 요리를 전공으로 하는 학생들 특히 특성화고 학생들에게는 경희대의 이 학과가 로 망이며 전형적으로 이 전형 준비가 가장 적합한 환경입니다. 그래서 저는

한식의 세계화를 모티브로 저의 모든 활동의 방향을 잡고 선생님의 조언을 받아가며 체계적으로 관리를 하였기에 지원하게 되었습니다.

Q2 최종합격에 결정적인 영향을 미친 요소는 무엇이라고 생각하나요?

A2 특성화고 학생들은 상대적으로 학습에서 교과 과목이 부족한 부분이 많습니다. 저는 학생의 가장 기본은 성적이라고 생각했기에 수업에 충실하고 교과 점수를 잘 받기 위해 노력을 많이 했습니다. 그리고 틈틈이 조리사 자격증 및 각종 행사나 각종 요리대회에 참가하였습니다. 그러나 학생부 기록은 학교의 특성상 만족한 결과가 나오지 못했습니다. 그래서 대안으로 자소서에 심혈을 기울이려고 면접 준비도 철저히 하였습니다. 포기하지 않고 상황에 맞춰 잘 준비한 것이 합격의 요인이라고 생각합니다.

학교 교육목표와 특색사업을 활용한 활동 특장점 분석

학교 교육목표	특색사업
참된 삶을 추구하며 올곧은 심성을 가진 건전하고 도덕적인 사람	[사랑의 봉사활동] – 장애인 종합 복지관 [민족혼이 살아 숨 쉬는 전통 다도교육] – 다도 지도사 육성 – 차 문화의 이해 차밭답사, 차만들기 실습 – 우리의 복식강의를 통한 아름다움 발견

학생 진로 세부활동

모범이 되고 배움을 나누자는 목적으로 조리실습 부장 역할 수행하며, 장애인 봉사활동에서 빵을 만들어 드리며 어르신과 주기적인 관계를 유지하는 활동을 수행함.
우리의 문화를 이해하는 것의 중요성을 인식하고 차 문화와 우리의 복식 체험활동을 적극적으로 참여하며 상대방을 배려할 수 있는 예절능력을 기름.

지식과 기능을 갖춘 자주적이고 진취적인 사람	[독서발표회] – 올바른 글쓰기 학습활동 – 독서 토론활동 [꿈을 위한 실용지식 습득활동] – 다양한 자격증 취득을 위한 활동

학생 진로 세부활동

호텔 및 음식 관련 독서뿐만 아니라 다양한 독서활동을 수행하면서 문화와 인간을 이해하려는 노력이 돋보임.

제과 및 제빵기능사, 바리스타 자격증, 한식·중식·일식·양식조리사 자격증, 복어기능사 자격증을 두루 획득할 정도로 요리에 열정을 엿볼 수 있음.

준비된 21세기 주인공	[글로벌 역량 강화 활동 및 현장체험학습] – 글로벌 체험 및 해외연수 – 글로벌 해외 취업활동 참여 – 산업체 현장체험을 통한 실무능력 배양

학생 진로 세부활동

홍콩 해외연수로 전공 관련 다양한 체험활동을 하면서 국내에서 해외로 꿈을 확장할 수 있는 계기를 가지게 됨.

국내 유명 호텔 주방 및 연회준비 체험을 주기적으로 참여하며 현장 체험활동을 통한 실무능력을 배양함.

국제 한식 조리학교 체험을 통해 한국적인 것이 세계적인 것임을 알고 이를 보급하기 위해 노력함.

꿈을 가진 창조적 사람	[꿈을 향한 실전능력 배양 학습] – 퓨전 한식 창작요리대회 – 전주 비빔밥 대회 – 순창 고추장 요리대회 – 각종 국제 및 국내 요리대회 참여 기회 제공

학생 진로 세부활동

다양한 자격증과 실무능력을 배양 후 다양한 대회에 나가서 자신의 실습을 확인하는 기회를 삼으며, 이를 통해 부족한 부분을 보완하는 기회로 삼는 발전가능성이 높은 학생임.

(자기소개서 1번) 고등학교 재학기간 중, 학업에 기울인 노력과 학습경험을 통해 배우고 느낀 점을 중심으로 기술

한식 세계화의 인재가 되기 위해선 영어와 한식에 대한 배경지식은 필수적이라고 생각했습니다. 영어 학습을 위해 수업 참여가 중요하다고 생각하여 배울 내용을 미리 살펴본 후 맨 앞자리에서 좋은 자세로 수업을 집중하여 들었습니다. 수업 중이나 끝난 직후에 이해되지 않는 부분은 반드시 질문하여 얻은 답변을 필기하며 수업 내용과 질문의 답변을 종합하여 전체를 이해하도록 노력하다 보니 글의 주제와 줄거리 파악 능력을 향상시킬 수 있었습니다. 장기 기억력을 높일 수 있도록 당일 배운 내용을 요점 정리하면서 본문에 대한 핵심 개념을 확인하였고, 시험 기간에 요점 정리를 참고하여 친구들이 모르는 부분을 구체적으로 설명해 줄 수 있었습니다. 듣고 질문하고 이해하여 설명하는 학습을 체득하여 반복하다 보니 영어에 대한 자신감도 한층 높아져서 영어 1등급을 꾸준히 유지하며 교과 우수상을 받는 성과를 이룰 수 있었습니다. 한국 조리와 식품과 영양 과목의 한국의 식생활과 문화 단원을 관심 있게 봄으로써 한국 음식의 특징과 상차림들을 자세하게 배우며 음양오행설의 철학적 원리와 약식동원 사상이 기반되었다는 학습을 바탕으로 한식 실습 때 오방색과 오미를 대표하는 음식인 비빔밥과 칠절판 등을 만들며 이론과 실습을 연계하며 실질적인 공부를 할 수 있었습니다. 배운 것과 조선왕조 궁중음식 책을 토대로 약식동원에 가치를 둔 겨자채 뻥튀기 카나페, 잣소스를 곁들인 삼색 칼국수 어만두 튀김, 된장 김치 염저육 찜 등 배움에 그치지 않고 퓨전 한식 창작요리를 개발하여 요리대회에 출전하였습니다. 전주비빔밥 첫 대회에서는 미숙한 아스픽 처리로 전시 음식들이 마르는 사고가 있었지만 실패가 나를 성장시킨다고 생각하여 순창고추장대회에 고추장 라따뚜

이를 곁들인 라이스페이퍼 새우튀김과 치즈볼로 지역 특산물의 명성을 높이는 레시피를 연구하였습니다. 전국 및 국제요리경연대회에 계속 도전하여 얻은 경험으로 대회 준비를 철저히 하여 발전된 모습을 갖춰가며 한식의 가능성을 볼 수 있었습니다.

전문가 분석

자소서 1번	제목: 영어교과 학습경험을 통한 진로 관련 이론&실습 함양		
학생부 항목	4번 수상경력	7번 창체활동	9번 독서활동
	• 1학년: 교과우수상(실용영어) • 2학년: 제과기능사 취득 • 3학년: 교과우수상(실용영어)	• 자율활동(1학년: 국제한식조리학교 체험학습)	• 2학년(공통): 요리를 욕망하다 〈마이클 폴란〉 • 3학년(공통): 한국식 재료를 이용한 맛있는 프랑스 디저트 〈장 피에르 제스팅〉
	8번 교과세부능력 및 특기사항		
	• 1학년(실용영어I): 이해력이 빠르며 수업에 적극적이며 말의 핵심을 잘 이해하고 대답을 잘함. • 2학년(실용영어II): 학습동기가 왕성하며 수업에 적극적이고 어휘 사용 능력이 우수함. • 2학년(한국조리): 한국음식의 특징을 잘 이해하고, 실기 및 응용 능력이 뛰어남.		
	10번 행동특성 및 종합의견		
	• 자신의 진로목표를 뚜렷하게 세우고 이를 이루기 위해 누구보다 열심히 노력함. • 자기주도학습 태도가 잘 갖추어져 학업성적이 뛰어나고 조리에 대한 창의력 개발 및 접목이 우수함.		
전문가 총평	학생의 장점은 전공에 대한 집착력과 열정이 대단한 학생입니다. 특히 한식에 대한 열정과 자부심이 남달라 한식을 세계화한다는 포부를 가지고 전공과 관련된 다양한 경험들을 하였고 그런 활동을 통해서 자신이 무엇을 배웠고 무엇이 부족한지를 명확히 알아 자신의 단점을 극복하는 계기로 활용한 점들이 잘 나타납니다. 학교에서의 학습을 깊이 잘 이해하고 그것을 실습으로 연계하고 독서와 다양한 자료 찾기를 통해 융합적인 사고와 창의적인 결과물을 만들어내고 그 결과물을 가지고 대회에 참가하는 등 다양한 도전을 해보았다는 것과 다른 대회에서는 실패한 경험과 그것이 나의 발전에 어떤 영향을 미쳤으며 역경을 극복하고 또 다른 대회에 참가하여 스스로를 단련시키고 발전시키는 과정이 잘 나타나 있습니다.		

 면접문항

Q 좋아하는 과목은 무엇인가요?

Q 학교활동에서 의미 있는 것은 무엇인가요?

Q 봉사활동은 무엇을 어떻게 하였는가요?

Q 영어공부는 어떻게 하였는지 구체적으로 설명해 보세요.

 자기소개서 사례

(자기소개서 4번) 해당 모집 단위에 지원하게 된 동기와 이를 준비하기 위해 노력한 과정이나, 지원자의 교육 환경(가정, 학교, 지역 등)이 성장에 미친 영향 등을 경험을 바탕으로 구체적으로 기술

저에게 있어 한식은 아주 특별합니다. 맞벌이 하시는 부모님 때문에 외갓집에 머무는 시간이 많아지면서 할머니의 정성스럽고 맛깔스러운 음식들을 자주 먹었습니다. 어릴 적에는 특히 할머니의 요리하는 모습을 보면서 몇 가지 재료들을 조합하여 조물거리면 세상 둘도 없는 맛있는 음식이 되는 것들을 보면서 마법을 부리는 것 같았습니다. 이런 할머니의 마법들을 보면서 저도 요리를 하고 싶었습니다. 그래서 가까운 학원을 다니고 학원에서 배운 것을 할머니에게 물어보며 만 9살에 한식 자격증을 취득하였습니다. 선생님께서 최연소라며 대견하다고 칭찬해 주셨습니다. 그 후 한식만을 위한 여러 조리법, 다양한 식재료들을 취급하고 싶고 응용하고 싶어서 6개의 조리사 자격증을 취득하였습니다. 요리에 대한 열정과 특히 한식에 대한 애정으로 특성화 고등학교를 진학하게 되었고 학교에서 다양한 활동들을 하였습니다. 특히 재철 식재료를 활용한 퓨전 한식 창작 레시피로 국제 경연대회와 전국 요리 경연대회에 출전하였고, 한식의 우수성을 알리며 한식 세계화에 이바지하자는 목표의식을 키웠습니다.

자소서 4번	제목: 교육환경을 최대한 활용한 진로 관련 폭넓은 성장과 변화		
	4번 수상경력	7번 창체활동	9번 독서활동
학생부 항목	• 1학년: 미래계획서쓰기 (우수상) • 3학년: 자기소개서 쓰기(1위) • 3학년: 학력우수상(제빵)	• 동아리활동(1학년 홈베이킹): 모든 요리분야에 자격증을 가지고 있어서 주도적인 역할을 하고 급우들을 잘 도와줌. • 동아리활동(2학년 바리스타): 핸드 드립 커피 추출 등을 능숙하게 잘함.	• 1학년(공통): 우동 한 그릇 〈구리 료헤이〉 • 2학년(공통): 조선궁중음식 〈한복려〉, 고명 〈유종화〉
	8번 교과세부능력 및 특기사항		
	• 1학년(식품과영양): 식품재료의 특성을 동물성과 식물성으로 구분하여 조사 발표 / 채소류의 색소와 영양분에 대해 요약 정리하여 발표함. • 1학년(방과후): 바리스타(87시간) 수강/ 복어기능사반(21시간)수강 • 2학년(서양요리): 가자미를 이용한 휘시 스톡과 솔모르네를 만들고 가자미 손질과 5장 뜨기를 완벽히 해냄.		
	10번 행동특성 및 종합의견		
	• 자신의 미래에 대한 설계가 뚜렷하여 이에 따른 준비를 위해 어린 시절부터 차곡차곡 자격증을 취득하는 등 자신의 주관을 꾸준히 발전시켜 나아감.		
전문가 총평	학생은 왜 한식 요리사가 되고 싶은지를 구체적이고 진솔되게 잘 표현했습니다. 그리고 아주 어릴 적에 한식 자격증을 획득하여 타고난 잠재력을 어필하였고 그 후 6개의 조리에 관한 자격증을 취득한 것을 이야기하며 자신의 요리에 대한 재능을 잘 나타냈습니다. 이런 재능들이 동아리활동에서 어필되었고, 성실한 교내 활동과 독서를 통해 잘 발전시켜왔습니다. 그리고 자소서에서 앞으로 무엇을 할 것인가 하는 목표까지 명확하게 어필하였습니다.		

 면접문항

Q 지원 동기는 무엇인가요?

Q 잘하는 음식은 무엇이고 레시피는 어떻게 되나요?

Q 자격증은 어떤 것들이 있나요?

PART 2
일반고 교육운영 특색활동 프로그램

우수 일반고 특색프로그램 활용

경기 양평 양일고등학교

학교 교육목표	양일고 특색사업 프로그램
배려와 나눔의 실천으로 공동체와 더불어 조화를 이루는 도덕인	[지역사회 연계를 통한 배움과 나눔 프로그램] – 진로교육 집중학기제 시범학교 SCEP 운영 – 체인지 메이커 활동 – 진로 디자인 역량 신장 – 과학·수학 체험활동
심신의 건강을 도모하여 민주시민으로 세계와 공존하고 소통하는 건강인	[세상과 호흡하며 공존의 가치 실현 프로그램] – 유네스코 협동학교 – 유네스코 실천 나눔 대회 – 인문학 아카데미 동아리 활성화 – 양일 포럼 논술문 대회
비판적 사고와 인문적 소양을 바탕으로 창조적 지식을 창출하는 창의인	[의사소통능력 배양 중심 프로그램] – 실용적 영어연극 및 팝송 부르기 대회 – 영어 혁신 수업 – 외국어 과정반 운영 – 미술교과와 연계한 영어 독서활동 – 영어 독서부 운영
성숙한 자아의식과 자율적 자기계발로 자신의 진로를 개척하는 자주인	[맞춤형 개인 진로설계를 통한 진로교육 강화 프로그램] – 열린 배움과 나눔의 진로활동 – 다양하고 체계적인 독서로 인문학적 소양 마련 – 교과와 연계한 독서 토론으로 비판적 사고력 향상 – 진로탐색을 위한 진로독서로 진로 설계능력 함양

경기 수원 영덕고등학교

학교 교육목표	영덕고 특색사업 프로그램
글로벌 소양을 갖춘 자긍심 있는 도덕인	[언어의 유창성과 인문학적 소양을 증진시켜 글로벌 리더 육성] 국제화 인재반 운영(원어민 강사 주2회 100분 토론수업) – English Immersion Program 체험학습
근검 절약하며 서로 돕고 봉사하는 협동인	[진정한 배움의 즐거움과 타인 이해 인성교육 프로그램 운영] 또래 멘토–멘티학습 운영 또래 멘토 우수학생 시상 자기주도학습 공모전

합리적으로 생각하고 문제를 해결하는 창조인	[꿈을 구체화하는 MOSAIC PROJECT 운영] 학생 진로설계 프로그램 운영 진로 포트폴리오 관리 및 운영 [자기주도적 심층 연구 기회 제공] 창의적 연구 학교문화 정착 우수 논문 학교장상 시상 학생 중심 자율적 프로젝트 계획 및 추진
강인한 의지와 심신이 조화로운 건강인	[미래 체육인재 육성 프로젝트 운영] 기초체력 향상 프로그램 전공실기 향상 프로그램

충남 서천여자고등학교

학교 교육목표	서천여고 특색사업 프로그램
품성이 바르고 서로 배려하며 존중하는 심신이 건강한 학생 (품성인)	[서미래 Core Track 완성학습 실천, 진선미 창의 프로그램] – 프로젝트형 과제 수행 – 협력과 토론 학습 – 체험식 탐구중심의 핵심학습 전개 – 기본생활 정착 및 인성교육 활성화
자기주도학습 역량을 가지고 도전하고 가치를 창조하는 학생 (창의인)	[맞춤형 학습이력 관리지원] – 학습관리 마인드 함양(School life portfolio) – 학습플래너 활용한 학습이력 관리(월 1회) – 동아리 액션플랜(1학생 1동아리, 협력기관 재능기부 연계) – 맞춤형 Group & Group 토탈케어 학습
내 학교, 내 고장, 내 나라를 사랑하고 헌신하는 학생(사랑인)	[진선미 창의 프로그램] – 학생 연구활동(모둠별 과제연구) – 서천사랑, 나라사랑 실천
글로벌 직업세계를 이해하고 꿈과 진로를 개척하는 학생(세계인)	[세계로 진로 프로세스 운영] – 해외 학교 교환학습 인프라(필리핀) – 글로벌 유망직업 탐색 및 체험활동 – 글로벌 리더십 증진 프로그램 운영 – 동백드림레터 – 스토리텔링 이력관리 지원

문화의 가치를 이해하고 예술과 스포츠를 사랑하는 학생 (문화인)	[지성과 감성의 만남 '서미래 book & think 프로젝트' 운영] – 클래식 명작도서 독서인증제(서미래 B&T 어워즈 시행) – 독서기록장 '명장에서 길을 찾다' – 1학생 진로진학 관련 롤모델 도서 1권 선정 읽기 및 독후감 　발표회 – 전교생 3년간 명시 50편 외우고 졸업하기 – 자작시 쓰기 – 학교시집 '동백서정' 발간

충남 천안중앙고등학교

학교 교육목표	천안중앙고 특색사업 프로그램
긍정적이고 창의적인 글로벌 융합인재	[창의적 체험과 수학·과학 심화프로그램] – 과학중점학교 프로그램 운영 – 비교과 체험활동 70시간 이수 – 주제별 체험활동(기업체, 대학탐방, 국립 김제 청소년 농업생명 　체험센터, 서천 국립생태원, 킨텍스 곤충생태해설활동) – 특별 교과 편성 운영(과학교양, 물리실험, 과학융합, 과학사 및 　과학철학) – 1, 2학년 수학·과학 주제별 R&E 연구과제 수행 – 창의적 체험활동(과학작품, 발명품, 탐구대회 등) – 3학년 수리·과학 통합논술 교육활동 및 R&E
자신의 진로를 스스로 개척하는 미래인재	[학생 참여중심의 CROWN 진로 스터디 프로그램] – 포트폴리오–Story book for my dream – 대학교 학과 탐색 및 토론 활동 – 대학교 관련 학과와의 연계 프로그램 운영 – 진로 관련 독서 후 토론 활동 – 진로, 진학을 위한 자기주도 학습 – 진로 특강(대학교수 초청강연, 직업분야 선배초청강연) – 대학교 자기소개서 작성 – 동아리 발표대회 실시
올바른 가치관과 바른 인성으로 남을 배려하는 민주시민	[바른 품성 5운동의 생활화] – 봉사활동 소감문 작성 및 발표대회 – 학생생활복지부 활동 – 학급별 관내 경로당 및 독거노인 방문 봉사 – 효 봉사단 운영

충북 음성고등학교	
학교 교육목표	**음성고 특색사업 프로그램**
투철한 국가관과 주인의식으로 민족의 정통성을 확립한 진취적인 선진 국민의 자질을 기른다.(애국인)	[사교육 없는 학교 및 교과 교실제 프로그램] – 과목중점형 교과 교실환경 과 다양한 학습자료 활용 – 설봉수업 활성화 – 선후배 멘토링 및 스터디그룹 운영 – 그린 마일리지 활용 – 영어를 모국어로 사용하는 영어사용권 국가를 선택하여 원격화상 수업 전개
합리적 사고로 창의력을 발휘하며 적성과 소질을 계발할 수 있는 생활인을 기른다.(창조인)	[특기와 적성에 맞는 맞춤학업으로 개성 있는 세계시민 프로그램] – 수준별 맞춤형 방과 후 프로그램 확대 – 교과별 논술 지도 – 학생의 특기와 적성에 맞는 주말동아리활동 – 토요동아리를 활용한 자유연구와 소논문 활동 – 동아리 성과보고 발표대회
정서를 순화하고 취미와 적성을 살리며 밝은 사회건설에 기여할 수 있는 협동 봉사하는 생활인을 기른다.(능력인)	[학교 공동체의 참여와 지역 사랑 프로그램] – 토요동아리 활성화 지역 나눔 봉사활동 – 토요동아리 지식 나눔 아동센터 봉사활동
근면 성실하고 검약하며 민주적 절차와 책무를 중시하는 기본 생활습관을 기른다.(자주인)	[리더십 함양 프로그램] – 자치위원회 운영 – 리더십과 극기함양을 위한 체험학습 – 동아리 자치활동 활성화(ES프로젝트 발표대회)
위생적인 생활과 기초체력 연마로 미래를 개척할 수 있는 튼튼한 몸과 강인한 정신력을 기른다.(건강인)	[건강관리 프로그램] – 사제동행 동반대회 – 주말 체력단련 및 스포츠 동아리 활성화

대전 한밭고등학교	
학교 교육목표	한밭고 특색사업 프로그램
더불어 사는 가치를 배우고 실천하는 세계시민	[GCED(Global Citizenship EDucation) 프로그램] – 세계시민교육과 함께 하는 학급자치활동 – 한밭유네스코학교 Rainbow 프로젝트 – GCED 테마가 있는 학급 특색 활동 – 리더십 캠프 – 생명존중 캠페인 – 스승의 날 편지쓰기 행사 – 한두레 스포츠 한마당 – 친구사랑 주간 캠페인 – 세계시민 의식 함양을 위한 동아리활동
핵심역량을 갖춘 융합형 인재	[한두레 주제탐구 한마당 프로그램] – 관심분야 주제탐구활동 – 창의학습동아리 운영 및 발표한마당 – 융합과학대회 & 자유탐구연구대회 – R&E자율과제 연구 – 양성평등 디베이트 토론대회 – 한밭 English 디베이트 & 에세이 콘테스트 – 더 나은 사회를 위한 실천 아이디어 공모 – 수학탐구발표대회 – Grade up 꿈잡이 노트 활용 탐구 – 한두레 교과페스티벌 – 영어독서학교 및 영어과 수업탐구 공동체 D.E.W
창의력과 지력을 겸비한 미래인재	[한밭 삼림북테라피 (어울林, 헤아林, 꿈그林) 프로그램] – 오讀오讀 독서기행 및 와글와글 독서토론캠프 – 독서신문 및 NIE 독서교실 – 다讀다讀 감상문 및 독서골든벨 – 다독자·다독학급·독서여권·북 페스티벌 – 진로 독서 활동 – 사랑의 독서나무

전북 전주 영생고등학교	
학교 교육목표	영생고 특색사업 프로그램
하나님을 경외하고 사람을 사랑하는 신앙인 육성	[하나님의 형상을 닮아가는 교육 프로그램] – 경건의 생활화 – 수요 채플 – 영생고 학생상 실천 – 미인대칭 운동 활성화
국가와 민족을 사랑하는 애국인 육성	[질서가 확립되는 교육 프로그램] – 학생 자율회의 활성화 – 아나바다 자치 학생회 운영 – 학생 자치법정 운영 – 호랑이 생성 프로젝트 범 스카우트 – SMG 국제 청소년 캠퍼리(아구노리) – 케리비안 수상체험캠프
스스로 바르게 실천하는 자주인 육성	[사고력을 확신하는 교육] – 비전 수립을 통한 자기주도 학습 정학 – 활동 중심의 참여수업 확산 – 독서의 생활화를 통한 가치관 형성 – Study Planner 작성을 통한 학습습관 형성 – 오답노트 활용을 통한 학습습관 개선 프로그램
지식과 재능을 계발하는 창조인 육성	[꿈과 끼 탐색 프로그램] – 영생 끼! 발산대회 – 선택식 강좌를 통한 학생 희망 존중 수업 시행 – 학생들이 선호하는 전공 및 학과 설명회 개최 – 동문 대학생 및 동문 직업인 특강 – 나의 꿈 발표대회 – 남성 합창단 음악회 발표회 – KAIST 탐방 및 국립중앙과학관을 통한 이공계열 진로탐색 – 학부모와 함께하는 진로 멘토링 – 기초학력부진학생 진로 멘토링 프로그램 – 영생트리뷴 제작 활동(영자신문)
예의와 신의를 존중하는 교양인 육성	[Daybreak Project 프로젝트] – 체력단련과 체중감량(400M 10바퀴, Push–up & chin up burpey) [인문학적 소양을 기반으로 하는 미래인재 양성 프로그램] – 길 위에서 만나는 문화(남도 이순신길 백의종군로 답사) – 영생고 미인 양성(다양한 주제에 대해 토론활동) – 창의적 인성교육 CHESS MT – 개인상담, 집단상담, 영화치료 심리극 운영 – 유네스코 END POVERTY 캠페인

전북 익산고등학교	
학교 교육목표	익산고 특색사업 프로그램
창의성을 지닌 글로벌 인재육성	[독서의 생활화를 통한 창의력 신장] – 독서 및 토론 활성화(아침 자기주도 학습시간, 금요일 7교시 활용) – 학생주도 논문 읽기대회 – 학생주도 탐구주제 선정 소논문쓰기
서로가 신뢰하는 교육활동	[차이를 다름으로 받아들이는 창의융합형 민주시민 양성] – 토론동아리 활성화 및 자체 토론대회 운영 – 토론을 위안 각종 강좌 개설, 현장체험학습 – '다름으로 소통하기' 토론 공동프로그램(연 2회)
바른 습관을 지닌 도덕적 인간 육성	[바른 인성 함양을 위한 검도교육] – 1인 1운동 갖기(검도 등) [미래인재 육성을 위한 인문학교육] – 인문학 아카데미 실시(연 2회) – 지역사회 및 대학과 연계한 인문학 강좌
열정과 사랑으로 즐거움이 가득한 좋은 학교	[청소년 비즈쿨을 통한 세계화 감각과 창업 마인드 활성화 교육] – 교내 창업 아이템 경진대회 – 우수기업탐방 및 창업캠프 – 해외 비즈쿨 자매결연을 통한 세계화 감각을 익히고 창업 마인드 활성화 – 비즈쿨 페스티벌 및 창업대전 참가 – 모의 창업활동과 창업동아리활동 활성화

광주 광주고등학교	
학교 교육목표	광주고 특색사업 프로그램
건전한 정신과 체력을 지닌 건강인	[국토사랑 프로젝트 운영] – 지역 명소 건축물 탐색활동 – 인문, 역사 진로 탐색활동 – 하천 오염 정화활동 [서로 이해하고 공감하는 아빠와 무돌길 걷기] – 서로를 이해하고 공감하는 기회 제공 – 지질구조 탐색활동

	[토론활동을 통한 종합적 사고능력 배양 교육 운영]
예의 바르고 공동체 의식이 강한 도덕인	– 철학교실을 통해 융합적 지식배양 활동 – 광고 동문 사랑의 가교(학교 적응력 향상 및 올바른 품성과 사회성 함양, 선배 직업 탐색활동) – 인성교육 감사프로그램(손편지, 선플달기, 애플데이 등 다양한 인성 함양 프로그램 운영)
창의적이고 진취적 사고를 지닌 실력인	[자기주도적 학력 및 정보 생산력 제고] – 학생 자율 스터디 그룹활동(지식나눔 교류활동) – 학생 모둠별 과제연구 – 미래사회 기술에 대한 이해와 적응력 향상 SW교육 – 미래핵심역량 강화 개발 프로그램 미래주제 연구활동 – 광주고 글로벌 비전투어 프로그램(미국 아이비리그 대학견학)

전남 벌교고등학교	
학교 교육목표	**벌교고 특색사업 프로그램**
21세기 지식기반 사회를 주도할 창의적 인간 양성	[미래 지향적 인재 육성] – 기숙형 주말 프로그램을 활용한 창의성 프로그램 활성화 – '돌봄' 시스템으로 미래 지향적 인재 육성 – 방과후학교 외국어 소통능력 활성화 – 독서지도 및 독서토론 수업 활성화 (교과별 독서 토론활동 연 2회) – 개인프로파일 경진대회 – 과학 아이디어 발명대회
근면 성실하고 자기관리를 잘하는 생활태도 양성	[예절 지키미 운동을 통한 인성 함양 프로그램] – 하브루타 인성교육 실천사례 발표 – 학생회 활동 활성화 – 교장선생님과의 대화시간 확대 – 문학기행, 참사랑봉사, 다우리봉사 활성화 – 양성평등글짓기 대회 – 봉사활동 체험수기 쓰기대회 – 학부모 참여 프로그램을 통해 신뢰감 회복 – 내 고장 문화유산 및 인물 찾아보기 활동
신앙교육을 통해 남을 위한 봉사인 양성	[신앙교육을 통한 '인성바르미' 운동을 통한 봉사 함양 프로그램] – 한국기독교 학교 연맹 행사 참여 – 꿈을 품은 청소년 축제 참여 – 봉사를 통한 바른 가치관 함양 프로그램

자기주도적 학습을 통해 평생교육인	[자기주도적 진로 탐색활동 활성화] – 진로지도 및 상담활동 강화 – 교과이수 효율성을 고려한 집중이수제 실시 – 교과중심 부서조직 편성으로 교사 전문성 신장 – 수준별 수업 내실화 및 부족한 과목 방과후학과 심화보충 실시

경남 진주 동명고등학교

학교 교육목표	동명고 특색사업 프로그램
창의를 원리로 하는 창조인 [명랑하고 창의적인 학생]	[자기성장 점보학술제 『나의 진로를 스스로 찾아가기』] – 개인별 참가대회: 자기소개서 작성대회, 지원봉사활동(이야기)대회, 논문작성대회(인문/자연), 독서골든벨, 학술제 감상문대회 – 그룹별 참가대회: 토론대회, 자원봉사활동대회, 논문작성대회(인문/자연)
봉사를 원리로 하는 사명인 [애교심, 애국심이 넘치는 학생]	[지역과 나라사랑 교육 『우리 지역과 나라 사랑하기』] – 녀던길 활동: 충무공 이순신장군 여정 체험(자신의 삶을 성찰하고 국가에 대한 봉사정신을 함양) – 통일골든벨: 분단의 아픈 역사를 극복하고 북한에 대한 지속적인 관심과 통일의식을 함양 – 독도 사랑, 독도의용수비대 청소년 명예대원 협력학교 선정
신의를 원리로 하는 협동인 [서로 돕고 예의바른 학생]	[나와 상대방을 위한 인성교육 『자신은 낮추go 배려는 높이go』] – 진주향교를 활용한 인성교육 – 행복한 남촌마을 – 또바기 봉사활동 – 진주복지원 봉사캠프 참여 및 생활용품 전달 – 또래 교수를 활용한 수학학습 능력향상 봉사활동
양심을 원리로 하는 성실인 [성실하게 학업에 충실하는 학생]	[뒤처지는 학생 없는 학교 만들기 『기초학력 미달률 Zero화』] – 공부방, 학습클리닉 운영 – 멘토링 결연지도 및 학습동아리 지원 – 직업탐색을 통한 진로지도

	경남 마산고등학교	

학교 교육목표	마산고 특색사업 프로그램
다양한 활동 경험을 통한 다양한 직업의 세계를 탐색할 수 있는 개방적인 사고인	[체험과 실천 중심의 인성교육으로 소통과 배려의 민주시민 육성] – 그린마일리지, 성찰교실 운영, 자치법정, 선비문화체험활동을 통한 인성교육 – 문화 예술 체험활동을 통한 감성교육 – 1인 1기–1악기 연마 및 재능 기부를 통한 자아 존중감 함양
독서를 통한 종합적 사고력과 문제해결력을 키울 수 있는 자기 주도인	[특화된 교육과정 프로그램 운영으로 자기주도적 학습 능력 신장] – 교과교실을 활용한 맞춤형 수업으로 교육력 극대화 – 자기주도적인 교과 심화 활동 전개 및 독서활동 강화 – 진로 진학과 연계한 다양한 방과후 교육 프로그램 운영 (기초학력 Zero반 운영, 튜터링 프로그램) – 공동교육과정 및 소인수 선택과목 운영을 통한 고교 교육력 제고
적성에 맞는 직업과 진로에 관련하여 정보를 수집하고 나누는 배움인	[배움공동체 역량 강화 교육으로 'Vision 27' 진로 교육 실현] – 배움 공동체의 역량 강화를 위한 교사 – 학생 동아리 활성화 – 동아리활동 내실화를 통한 진로, 진학 연계 교육 – 'Vision 27' 구현을 위한 라이프 디자인 교육 완성 (진로현황판, 싱싱노트작성, 진로체험의 날 운영, 진로진학 데이터 베이스 구축, 해외 문화 체험활동)
바른 인성과 학력의 조화로 미래를 개척하고 이끌어갈 글로벌 리더	[마고 3품제(학력품, 인성품, 특기적성품)] – 학력품: 성적향상, 교과성적우수상, 자기주도학습(SDL) 프로그램 – 인성품: 봉사활동, 그린마일리지 상점 – 특기 적성품: 방과후 실적, 자격증 취득, 수상실적, 동아리활동 마고 3품제의 수상 소감문과 해외 문화 탐방 보고서

학교 교육목표	경일여고 특색사업 프로그램
국제 간 협력을 높이고 양국의 문화를 이해하는 여성	[일본카케학원 재단 자매결연, 중국 산둥 대학과 자매결연] – 일본수학여생단의 본교 방문과 본교 학생의 일본 방문 및 유학 – 중국 산둥대에서 어학 및 문화 연수 실시
학생 자율적으로 스터디 그룹을 조직하고 자율적으로 탐구하는 지식인	[학생 주도적 연구 활동(교내 스터디그룹 주제별 학술 연구)] – 교내 스터디 그룹 활성화 – 주제별 학술 연구 프로그램(학술동아리) – 1학년(기본): 지도교사와 함께 탐구 영역을 구체화하면서 연구 주제 다듬어 연구 및 실험 – 2학년(심화): 학생 자율적으로 교과 내용을 세부화하여 연구 주제를 정해 탐구 활동
국제 정세 및 안건에 대한 인식의 제고로 국제 관계를 이해하고 미래에 글로벌 인재	[교내 모의 UN대회] – 국제 연합 인권 이사회 (United Nations Human Right Council, UNHRC) 활동 – 국제 연합 안전 보장 이사회 (United Nations Security Council, SC) 활동 – 국제 연합 경제사회 이사회 마약위원회 (CND, Commission on Narcotic Drugs) 활동
진정한 봉사와 희생의 의미와 가치를 깨닫게 지혜인	[봉사 활동 내실화(1교 1촌 봉사활동 및 RED ANGELS 활동)] – 다호리 마을 자매 결연(농촌 사회에 대한 이해 및 우리 지역 사랑 정신을 바탕으로 농촌 봉사활동 진행) – 레드 엔젤스 활동(릴레이 봉사활동)
다양한 활동 경험을 통한 개방적인 미래인	– 연극부 활동 및 연극 공연(학생 예술 교육 활성화) – 응급처치 안전교육 수료제 – 무학년 진로 탐색 대학 탐방 프로그램 – 이공계 대학 탐방 프로그램, 독도 교육 강화, 點步夕走 운동

부산 용인고등학교	
학교 교육목표	용인고 특색사업 프로그램
성실·근면·정직으로 자기관리에 철저한 용인인	[틈새 시간을 활용한 자기 주도적 학습 프로그램] – 방과후 심화학습 자율동아리 – Morning Period Class: 요일별, 교과별, 학년별 학습자료 프린트물 제작 – Lunch Period Class: 교과교실 및 도서실을 활용한 자기주도적 학습 우수 확인서 발급, 학생부 기재
다양한 독서와 사고를 바탕으로 세상을 보는 안목을 갖춘 용인인	[과학 소양 함양을 위한 독서프로그램] – 학생별 관심 있는 단원 정리한 보고서 제출 – 독서지원 시스템에 독서활동 등록 – 특별교과 저자 초청 강연회 개최 – 과학 교양 퀴즈대회(여의주를 찾아라!) [과학적 창의력을 신장시키는 STEAM형 진로 탐구활동 프로그램] – IDK 진로탐색검사 및 직업 적성검사 – 진로 주제별로 개인 및 동아리별로 선택해서 참가하는 비교과 활동 – 진로탐구활동 보고서 작성 및 발표회
체육과 문화 및 예술활동을 통하여 감동하는 교양을 갖춘 용인인	[용두용미 동아리 활성화 프로그램] – 멘토 및 멘티활동 활성화 – 용마루 시각장애인 봉사 및 후원활동 – 용인 3색 후원금 봉사활동 – 용인 인재상 및 용인 오품제 시행
넓은 마음으로 서로 배려하고 소통하는 아름다운 덕목을 갖춘 용인인	[비교과 체험학습 프로그램] – 교내 체험학습: 수학경시대회, 과학 독서 감상문대회, 발명아이디어대회, 스몰월드포토콘테스트, 과학창의탐구대회, 과학탐구토론대회, 선택형 단원 정리보고서, 창의인성탐구한마당참가, 과학전문가와 대화, 진로 및 수학 특강 – 교외 체험학습: 수학 과학 체험관, 자동차 업체 탐방, 생태학습관 탐방

부산 강서고등학교

학교 교육목표	강서고 특색사업 프로그램
창의력과 인성을 겸비한 차세대 인간	[학년과 교과의 특성을 고려한 선진형 교과 교실제 운영] – 학생들의 자기 주도적 학습 능력 강화와 학력 신장 – 교과별 심화 학습 동아리

큰사람 세계인	[영상자료를 활용한 창의 인성 교육]
	– 영상자료(EBS 지식채널, 세상을 바꾸는 시간 15분 등) 제시,
	  인성 교육 활동 자료집 관리
	– 논술이나 구술에 필요한 종합적인 배경지식을 쌓고 주변 세계
	  와 진로에 대한 이해의 지평을 넓히도록 함.

든사람 실력인	[낙동강 탐사 활동] – 낙동강 하구 탐방 체험 프로그램 – 낙동강 에코센터 방문 및 선박 체험활동 – 낙동강 하구 철새 탐조 활동 – 환경해설사와 함께하는 탐구 활동 및 EM 흙공 투척 – 생태 환경 토양조사 및 공업 시설 현황 조사
된사람 도덕인	[행복 심기 결연 멘토링 봉사단] – 매주 토요일 결연가구 방문

대구 경덕여자고등학교

학교 교육목표	경덕여고 특색사업 프로그램
통합과 창조의 사고능력 신장 [융합교육, 글로벌 리더교육 강화]	[융합교육, 글로벌 리더교육 강화] – 경덕 모의유엔 총회 – 인성·공감 프로젝트 – 스포츠 프로그램
전인적 역량 신장 [탐구와 과정중심의 교육활동 강화]	[탐구와 과정중심의 교육활동 강화] – 진로집중 교육과정 – 경덕 학술제 – 의기 양양! 30시간 학습캠프 – 전공적합성을 고려한 진로동아리별 소논문 작성 및 발표

글로벌 마인드 함양 [진로·진학 업무지원 체제 강화]	[진로·진학 업무지원 체제 강화] – 커리어스타트 프로그램 – 진로독서 프로그램 – 학부모와 함께하는 1:1진로진학 컨설팅 – 진로집중 추가이수 교육과정(무학년제) – 역량함양을 지향하는 다양한 학생참여형 수업 실천 – 책쓰기 활동을 통한 자아성찰 및 진로탐색 활동
자기주도적 행복역량 강화 [학생자율 선택권 강화한 행복역량 강화]	[학생자율 선택권 강화한 행복역량 강화] – 자율 선택형 방과후학교 – 또래학습 공동체 – 소프트웨어 교육

대구 강북고등학교

학교 교육목표	강북고 특색사업 프로그램
나라를 사랑하는 민주시민 육성	[시대에 적합한 새로운 혁신 학교 운영] – 수요자 맞춤형 교과심화 과정 운영 – 고교–대학 연계 동아리 운영 – 수학체험전 및 수학나눔학교 운영
자기 주도적 학습능력 배양	[주제중심 연계·통합 프로그램 개발 및 운영] – 일반고 교육 역량강화 프로그램 운영 – 인문학을 기반으로 한 독서, 글쓰기 프로그램 운영 – 인문학 축제 및 디베이트 대회 실시 – 학생 진로맞춤형 주제탐구/과제연구 프로그램 운영 – 청백지교 멘토링 프로그램 운영
창의적인 사고력과 탐구능력 배양	[진로집중형 교육과정 운영] – 학교 간 협력교육과정 프로그램 운영 – 학생의 적성과 진로에 맞는 다양한 학습기회 보장 – 소수선택과목 개설을 통해 학생의 교육과정 선택권 강화 – 경북대, 경운대, 대구과학대 진로·직업 체험활동 실시
심신이 조화로운 인간 육성	[다방면에 뛰어난 창의적 인재 양성] – 학생 행복역량 지원 프로그램 　(신체적·정서적·사회적·도덕적·지적역량) – 인성교육 특강 및 대화의 시간, 선비문화 수련 – 1인 1기 태권도 수업

경북 경주고등학교	
학교 교육목표	**경주고 특색사업 프로그램**
창의력과 경쟁력을 지닌 글로벌 인재양성	[과정중심 평가 운영] – 창의인재 양성을 위한 과학교과 중점학교 운영 – 탐구실험 역량강화를 위한 학교 간 연계 공동교육과정 운영
새 학교 문화 창조	[교과 심화 창의적 체험활동 프로그램 개발 운영] – 사교육 없는 동아리선정(프로그래밍) – 천체 관측 천문 동아리(시민들을 위한 공개 관측 및 전시회) – 사랑나눔 콘서트(학교특색동아리_관악부) – 국제적 이슈 주제 선정 토론활동(글로벌 민주시민 양성)
꿈을 키우는 학교	[지역연계 창의적 체험활동 프로그램 개발 운영] – 양동마을, 옥산서원 등 체험활동 및 봉사활동 – 포스텍 가속기연구소(물리 심화 체험활동) – 경북대 진로 체험활동(SW엔지니어, HMD를 활용한 가상현실, IoT 체험 및 실습) – 지역이해 체험활동(백제문화특별전 관람, 황리단길 등)
세계화 시대에 부응하며 미래를 창조하는 슬기로운 한국인 육성	[학생의 역량을 살리는 창의적 체험활동] – 학급별 주도 문화교류 프로그램 – 미국 가족문화를 바탕으로 다양한 문화 이해 – 학생들이 자유롭게 영어로 대화하는 시간 운영

경북 영일고등학교	
학교 교육목표	**영일고 특색사업 프로그램**
즐겁고 신나는 학교	[즐겁고 신나는 학교 프로그램] – 영일 예술제 – 1인 1악기, 1인 1기 지도(택견) – 환송 및 환영 음악회 – 동아리 발표 경진대회 – 테마 수학여행, 국제교류 실시 – 학교 간 공동교육과정 운영

하브루타 교육이 실현되는 교실	[질문이 교육 프로그램] – 질의 응답 운영 – 자기주도 학습캠프 – Honors Level Up 프로그램 – 선택형 방과후학교 – 사제동행 독서교육 – 교과세미나를 통한 수업개선
비전과 꿈이 있는 진로교육	[자기주도적인 탐구활동 및 창의 인성교육 프로그램] – 영일 Vision Camp 운영 – Talk Power 리더십 교육 – 진로의 날 운영 – 영일 Academy 운영 – 진로직업체험기간 운영 – 작가초청 글쓰기 운영
나라 사랑하는 정신함양과 감사 나눔 체험 교육	[나라 사랑하는 정신함양과 감사 나눔 체험 교육 프로그램] – 나라사랑 체험활동 – 감사교육 프로그램 – 1문화재 1지킴이 활동 – 자매기관 체험 봉사활동 – 독도사랑교육 – 수기예절실 운영과 성년식
꿈을 이룬 학교	[Pro Bono 영일 프로그램] – 교육재능기부 – 재학생 지역사회 재능기부 – R&E(심화과제수행학습) – 나눔 멘토링 동아리 – PBL(Project–based learnimg) – 대학생 및 자매단체 멘토링 활동

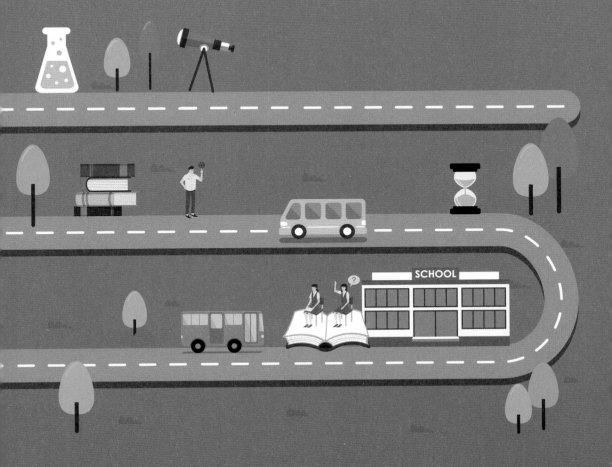

PART 3
학과 소개와 선택

학교만큼 중요한 학과 선택
4차 산업혁명 대비 특성화학과 소개

학교만큼 중요한 학과 선택

지능정보사회 도래 등 사회변화에 맞춰 산업수요가 많은 미래 유망 분야로 정원을 조정하고 대학교육의 질을 개선하기 위해 16년부터 21개 프라임(PRIME) 대학을 선정하여 운영하고 있다. 프라임(PRIME) 대학이란 산업연계 교육활성화 선도대학(PRIME: PRogram for Industrial needs – Matched Education)을 말한다. 이처럼 에너지, ICT 융복합, 지능형 로봇, 의공학 등 미래의 유망 분야에서 산업수요 맞춤형 인력 양성하기 위한 목적으로 학과를 개설하였으며, 문제 해결 능력 및 현장 실무 능력을 길러주는 방향으로 대학 교육을 운영하고 있기에 이런 학과를 선택하는 것이 중요하다.

대학명	주요 프라임 학과
건국대	스마트운행체공학과, 소프트웨어학과, 스마트ICT융합공학과, 미래에너지공학과, 식량자원과학과, 의생명공학과, 화장품공학과 등
원광대	생물환경화학과, 기계설계공학과, 식품생명공학과, 스마트자동차공학과, 디지털콘텐츠공학과 등
인제대	헬스케어IT학과, 바이오테크놀로지학부, 제약공학과, 미래에너지공학과, 디자인엔지니어링학과 등
영남대	로봇기계공학과, 자동차기계공학과, 전자공학과, 신소재공학부, 화학공학부 등
한양대(ERICA)	나노광전자학과, 해양융합공학과, 화학분자공학과, ICT융합학부, 소프트웨어학부 등
순천향대	의료IT공학과, 의용메카트로닉스공학과, 빅데이터공학과, 디지털애니메이션학과, 사물인터넷학과, 한국문화콘텐츠학과 등
경운대	항공기계공학과, 무인기공학과, 항공소프트웨어공학과, 항공전자공학과 등
숙명여대	ICT융합공학부, 소프트웨어학부, 기계시스템학부 등
동의대	신소재공학부, 기계자동차로봇부품공학부, 산업융합시스템공학부, 디자인공학부 등
성신여대	융합보안공학과, 청정융합에너지공학과, 서비스디자인공학과, 뷰티산업학과 등
이화여대	미래사회공학부(기후에너지시스템공학, 환경공학 등), 소프트웨어학부, 휴먼기계바이오공학부 등
건양대	기업소프트웨어학부, 재난안전소방학과, 임상의약학과, 의약바이오학과 등
상명대(천안)	시스템반도체공학과, 휴먼지능로봇공학과, 스마트디바이스공학과, 그린화학공학과 등

신라대	지능형자동차공학부, 스마트전기전자공학부, 융합기계공학부, 컴퓨터소프트웨어공학부 등
동명대	기계공학부, 조선해양공학부, 전자·의용공학부, 디지털미디어공학부 등
대구 한의대	화장품공학부, 화장품제약자율전공, 제약공학과, 바이오산업융합학부 등
한동대	ICT창업학부
경북대	컴퓨터학부(글로벌SW융합전공)
호남대	미래자동차공학부, 전기공학과 등
동신대	에너지IoT전공, 에너지시스템경영공학전공, 신소재에너지전공, 전기공학전공, 전기차제어전공 등
군산대	융합기술창업학과, 건축·해양건설융합공학부, 공간디자인융합기술학과, 해양산업·운송과학기술학부 등

4차 산업혁명 대비 특성화학과 소개

2018학년도 대입정도 119_대교협 자료 참고

대학명	계열	학과명	특징 및 장학혜택
		수도권대학 특성화학과	
가천대	인문사회계열	글로벌 경영학트랙	[주요특징 / 교육내용 / 지원 / 졸업 후 진로] – 국제 경쟁력 갖춘 전문 경영인 양성 – 전공교과목 영어강의 및 해외파견 프로그램(가천하와이교육원 등) – 3학년 1학기까지 공통 커리큘럼에 따라 수강 후, 마지막 3학기에 재무금융, HRM(경영전략 포함), 마케팅(SCM 포함) 등 세부전공 특화 분야로 나뉘어 자신만의 전공을 선택 – 경쟁력 있는 명품 경영학 교육프로그램 / 세계 수준 교수 초빙 – 수능 평균 성적 1.6등급 이내인 자: 4년간 등록금 전액지원 및 월 30만원 지원 – 정시 최초 합격자 중 수능 성적 2.0 이내인 자: 1년간 등록금 면제
		금융수학과	[주요특징 / 교육내용 / 지원 / 졸업 후 진로] – 1~2학년 수학기초, 3~4학년 금융·IT 등 융합적 응용수학 교육(맞춤형 융합교육/현장 실무형 교육/국제화 교육) – 교육부 지정 수도권 특성화 사업단인 금융 미드필더양성 사업단의 주축 학과 – 졸업 후 증권사, 은행, 카드사, 신용평가 등 금융기관 취업가능/수리통계학자, 보험계리인, 공인회계사 등도 진출가능 – 수능 평균 성적 1.6등급 이내인 자: 4년간 등록금 전액 및 월 30만원 지원 – 정시 최초합격자 중 수능성적 2.0등급 이내인 자: 1년간 등록금 면제
		경찰안보학과	[주요특징 / 교육내용 / 지원 / 졸업 후 진로] – 치안 및 안보 분야의 전문가 육성 / 국가기관 및 국제기구의 전문가 초빙 강의 – 경찰 간부, 국가정보원, 대통령실 경호처, 군장교, 사법기관, 민간보안 회사 등 – 수능평균성적 1.6등급 이내인 자: 4년간 등록금 전액지원 및 30만원 지원 – 정시 최초합격자 중 수능 성적 2.0등급 이내인 자: 1년간 등록금 면제
	자연계열	소프트웨어학과 (舊 소프트웨어 설계 경영학과)	[주요특징 / 교육내용 / 지원 / 졸업 후 진로] – 문제해결 및 실습 위주 강화 / 맞춤형 영어강의 – 미래부, 소프트웨어중심대학 선정 및 지원

가천대	자연 계열		– 소프트웨어 기술 및 저변 지식 기반 위에 경영 핵심 과목들을 이수해 소프트웨어 개발자, 개발 리더, 기술 경영자 양성 – 수능 평균 성적 1.6등급 이내인 자: 4년간 등록금 전액 및 월 30만원 지원 – 정시 최초합격자 중 수능성적 2.0등급 이내인 자: 1년간 등록금 면제
		바이오나노학과	[주요특징 / 교육내용 / 지원 / 졸업 후 진로] – 교육부의 '세계 수준의 연구중심대학 육성사업(WCU사업)' 유치 – 수도권 특성화 사업의 중심 학과로 다양한 프로그램을 구성하여 전 공을 효과적으로 학습할 수 있는 시스템 구축 – 바이오소재, 나노재료, 바이오멤스, 바이오센서, 나노메디신, 의공학 등의 분야로 특성화된 전문 인력 양성 – 수능 평균 성적 1.6등급 이내인 자: 4년간 등록금 전액 지원 및 월 30 만원 지원 – 정시 최초합격자 중 수능성적 2.0등급 이내인 자: 1년간 등록금 면제
건국대	인문 계열	기술경영학과	[주요특징 / 교육내용 / 지원 / 졸업 후 진로] – 「밀러MOT스쿨」: 21세기 지식기반사회가 필요로 하는 "기술"과 "경 영"의 균형된 지식 겸비한 융합형 인재 육성 (2009. 3. 3 개원) – 미국 Stanford대학교, UC–Berkeley,SUNY–Stony Brook,/ 영국 SPRU at University of Sussex, Imperial College, 독일 Stuttgart 대학교, / 프랑스 Strasbourg대학교, / 일본 Geio대학교 등 전 세계 유명 기술경영 프로그램들과 협력계획 – 국내외 기업체, 연구소, 공공연구기관, 정부부처, 지방자치단체, 정부 및 지자체 산하기관의 기술경영, 기술기획, 기술전략, 기술마케팅 등 기술과 경영이 접목된 다양한 분야
		글로벌비즈니스 학부 (글로벌통상· 소비자 전공 중국비즈니스 특화트랙)	[주요특징 / 교육내용 / 지원 / 졸업 후 진로] – 중국 남경대학 복수학위 과정 1~2학년 본교, 3~4학년 남경대학 수학 – 2016학년도 경우 논술(24명 모집) / 정시(10명 모집) 일반전형 모집하 여 G2국가로 부상한 중국 관련 국제통상 전문가 양상 목표, 중국 비 즈니스 특화트랙을 밟는 학생은 1년에 16명까지 선발 – 영어, 중국어 동시에 구사 가능한 (bi-lingual) 인재 육성 위해 국제 통상과 관련된 융–복합적 지식습득 및 중국 경제·통상에 특화된 교 육, 집중 중국어교육 (현지 어학연수, HSK교육, KOTRA, KIEP 등 중국전문가가 초청특강) 등 중국전문가 적성교육 실시 – 장학제도: 신입생 전원 입학금 면제, 최초합격자의 경우 학기 중 매 월 30만원 학업장려비 지급, 수시 최초합격자 입학 후 1년간 수업료 50% 면제, 정시 최초합격자 입학 후 2년간 수업료 50% 면제, 4+1 과정 선택 시 석사과정 수업료 전액 면제, 현장실습(인턴십) 학점인정 제 이수자 장학금 지급. EP 등 중국전문가 초청특강 등 중국전문가 적성교육 실시

건국대	자연계열	KU융합과학기술원 - 공학분야: 미래에너지공학과 / 스마트 운행체공학과 / 스마트ICT융합공학과 - 생명과학분야: 화장품공학과 / 줄기세포재생공학과 / 의생명공학과 / 시스템 생명공학과 / 융합생명공학과	**[주요특징 / 학사제도 / 장학혜택]** – KU융합과학기술원: 드론, 무인자동차, 딥헬스, 신약개발플랫폼 등 향후 산업 수요가 증가할 것으로 예상되는 미래 신기술 분야나 정부의 정책적 지원분야와 관련된 학과(2017학년도부터 신설) – 학사제도: 플러스학기제, 융합전공 제도 운영 * 4+1 학·석사 통합과정: 고급인력 수요에 맞춘 전문인력 배출 목표. 5년에 석사학위까지 취득. * 3+1 채용연계학년제: 기업과 연계하여 현장에 기반한 교육 시행하고 채용까지 연계 – 장학제도: 신입생 전원 입학금 면제, 최초합격자의 경우 학기 중 매월 30만원 학업장려비 지급, 수시 최초합격자 입학 후 1년간 수업료 50% 면제, 정시 최초합격자 입학 후 2년간 수업료 50% 면제, 4+1 과정 선택 시 석사과정 수업료 전액 면제, 현장실습(인턴십) 학점인정제 이수자 장학금 지급. **[교육내용 / 졸업 후 진로]** – 공학분야(3개 학과) * 교육내용: 기술지향적 교육프로그램 운영, 지능형 운행체 주력산업 프로그램 운영, SW/HW 기초교육과 결합된 산업분야 특화 융합교육 등 * 진출분야: 신재생에너지, 항공우주 / 자동차 / ICT 관련 기관 또는 기업, Wearable 디바이스 중심으로 한 SW융합분야 등 – 생명과학분야(5개 학과) * 교육내용: 화장품 산업 5가지 실무 특화프로그램, 국내 유일 줄기세포 및 재생공학 관련 학과, BT-ICT 산업의 핵심 실무형 인재 양성, 융합적 생명공학 BT-CARE 프로그램 운영 등 * 진출분야: 화장품 관련 기관 및 기업, 줄기세포치료 관련 생명공학 기관 및 회사, 생명과학 및 바이오공정 분야, 생명공학 관련 기관 및 기업 등
경희대	자연계열	정보디스플레이학과	**[주요특징 / 교육내용 / 지원 / 졸업 후 진로]** – 정보디스플레이: 물리, 화학, 전자공학, 재료공학 등 다양한 학문의 유기적인 결합에 의해 생성된 새로운 학문분야로 기초 학문과 산업체에 활용하고 있는 응용학문 동시 교육 – 현장실습과 국내 기업체 및 해외 대학 연수 등 인턴십 활동을 통한 현장중심교육, 외국대학과 공동강좌 개설 및 외국인 영어강좌 등 국제화 교육 실천 – 기초학문의 교육 바탕 위에 디스플레이 관련 이론과 실험실습 병행 – 대기업 및 중소기업 특강을 통해 현장실무 교육 기회 제공 – LG Display와 산학 연계된 LGenius Members 프로그램 운영으로 높은 취업률 보장 – 복수 학위제를 도입, 단기간에 프랑스 일류 대학 Ecole polytechnique & 경희대 석사 학위 동시 취득 가능

		소프트웨어 융합학과	[주요특징 / 교육내용 / 지원 / 졸업 후 진로] – 사회수요를 반영한 개방적이고 유연한 새로운 트랙(데이터사이언스 트랙, 미래자동차·로봇 트랙, 게임콘텐츠 트랙)을 설계하여, 각 트랙별로 지향하는 분야별 산업체의 실무중심 전공교육 및 소프트웨어교육 실시 – 트랙별 현장전문가 교육진, 공동지도 교수제, 융합소프트웨어 심화교육, 압축 융합전공 교육 등의 특성화 전략을 통해 기존 복수전공/부전공 개념을 넘어 서는 진정한 의미의 융합 교육을 추구하며, 새로운 학·석사연계모델을 도입하여 총 5년에 소프트웨어융합학과 학사학위와 융합목표전공 석사학위 취득가능(예정) – 정시모집 입학생(최종등록자 기준) 전체에게 졸업 시까지 8학기 등록금(입학금 포함) 전액 지급 – 트랙별 관련 기업과의 취업보장형 교육연계 프로그램을 지속적으로 발굴해 나갈 계획이며, 이와 함께 학·석사연계과정 모델을 통한 전문 연구자로의 진학 기회도 제공
고려대	자연계열	사이버국방학과	[주요특징 / 교육내용 / 지원 / 졸업 후 진로] – 고려대와 국방부가 함께 만든 채용 조건형 계약학과 – 엘리트 사이버보안 전문장교 양성 목표 – 정보기술(IT)과 암호해독 이론과 실습, 사이버심리 등 사이버전 수행하는 데 필요한 전문과목을 집중적으로 가르치며 장교임관 필요한 국가관 및 안보관 확립에 필요한 군사학 교과과목도 반영할 예정 – 재학 시 생활비지원, 기숙사무료, 국내외 연수 등 각종 인센티브제공 – 전원 군장학생으로 4년간 전액 장학금지급 – 전원 학사장교로 임관(병과: 정보통신)하여 7년간 사이버전 관련 부서에서 남녀동일 근무 – 의무복무 이후 정부기관 및 연구소, 기업 등 다양한 곳으로 진출 가능
광운대	인문계열	동북아문화 산업학부	[주요특징 / 교육내용 / 지원 / 졸업 후 진로] – 문화를 구심점으로 인문학, 사회과학, 지역학 간의 학제 간 결합을 통해 신설된 특성화 학부 – 다중 언어 능력을 바탕으로 글로벌 문화트렌드와 동북아 문화코드에 대한 이해력을 갖춘 인재 양성 – 동북아지역 문화마케팅과 문화상품 교류를 담당할 인재 양성 – 문화교류전공과 문화콘텐츠개발전공의 2개 전공 구성 – 한국문화의 바탕 위에 지역 / 문화별 특성을 강조하는 교과목으로 교과과정 구성 – 문화산업 분야 기업, 연구소, 비정부기구(NGO), 국제문화교류실무자, 정부 문화행정 담당관, 기업 문화마케팅 전문가, 전통매체 및 디지털매체 작가 등 진출

광운대	인문 계열	산업심리학과	**[주요특징 / 교육내용 / 지원 / 졸업 후 진로]** – 심리학 지식을 응용하여 국제화, 정보화 능력을 갖춘 산업 및 조직심리학 분야 전문가 양성 – 수도권 유일의 산업심리학과로 매년 중앙일보에서 실시하는 심리학 관련 학과 평가에서 상위권 유지 – 기업체에서 인사관리 및 교육훈련을 관리하는 인적자원(HR) 담당자, 조직활성화와 조직문화를 담당하는 조직개발(OD) 담당자, 다양한 IT제품을 디자인하고 사용성을 평가하는 인지공학 전문가 등 진출 – 전문상담교사 과정이 새롭게 신설되어 졸업 후 일선 중·고등학교의 상담교사 진출 가능
	자연 계열	로봇학부	**[주요특징 / 교육내용 / 지원 / 졸업 후 진로]** – 국내 최초의 로봇학부로 컴퓨터와 전자, 전기, 정보통신, 제어 및 로봇 기술의 복합 기술 연구, 로봇분야 인재양성목표 – 로봇 관련 기술– 영어+수학+전공이론+실습 동시에 강조하는 시스템 구축(학부 내 지능시스템 전공 및 정보제어 전공) – 각종 산업용 로봇 및 서비스 로봇 개발/운영, 무인 자율 이동 기술분야, 인간–로봇 상호작용 기술분야, 의료산업, 실버산업 등 미래 지향적 신산업 분야 진출 용이 – 대학원 진학하여 로봇분야 학자로 성장 가능
		정보융합학부	**[주요특징 / 교육내용 / 지원 / 졸업 후 진로]** – ICT 특성화 학부로서, 인문사회 분야와의 융합학문으로 영역을 확장하여, 빅데이터 처리/분석/활용 및 VR/AR 등의 영상 미디어콘텐츠 분야로 특성화한 학부 – 미래 융합소프트웨어 실무 현장을 선도하는 창의융합인재로 성장 – 산학연계 중심의 실전적 교육과 산학연계 SW프로젝트 운영 – 오픈소스소프트웨어 교과과정과 실전적 영어프로그램 운영 – 3.5+1.5 학석사 통합과정 운영 – 모션캡처 및 VR/AR 전용실험실과 빅데이터 처리 전용실험실 구축
		전자바이오 물리학과	**[주요특징 / 교육내용 / 지원 / 졸업 후 진로]** – 플라즈마를 응용하는 반도체, 디스플레이, 태양전지, LED 등의 먼저 첨단분야, 전기 및 전자 분야, 바이오 분야 등으로 산업체에서 요구하는 실무 능력을 갖춘 인재 양성 – 10년간 100억원 규모의 세계 최초 융합연구 분야인 플라즈마 바이오 과학연구센터 유치 – 꾸준한 교육과 연구로 13년간 대학원 장학금 지원사업인 플라즈마에 선정되어 국제수준의 대학원교육 실현 – 디스플레이 및 플라즈마 바이오 기초교육 실시 – 삼성전자, 삼성디스플레이, LG디스플레이, SK하이닉스 등 플라즈마 / 반도체 / 디스플레이 전공 관련 분야 진출

국민대	자연계열	글로벌바이오발효융합학과	[주요특징 / 교육내용 / 지원 / 졸업 후 진로] – 국민대학교 KMU1010 발전전략과 연계된 국민대학교 신 성장동력으로서 2010학년도 신설. – 바이오발효융합학과 커리큘럼: 첨단 바이오융합산업과 녹색산업 이끌어갈 국가적 전문인력 양성목표. 나노 기술 및 정보기술과 연계된 전공과정과 이수과정 구성 – 산학·연 협동연구과정 정규교과목 채택 학생들로 하여금 조기에 바이오 융합 전공분야의 사업가 및 전문가로서의 소양 달성 실무 교육과정도 편성 – 서울시 및 지자체 연계: 지역특산 기능성 발효제품의 개발과 사업화 추진, 발효 식품대기업과 연계, 한국전통발효식품 및 식품의약 기능성소재의 세계화 추진 – 바이오 및 의약산업, 건강기능성 바이오소재산업, 식품제조산업 및 웰빙푸드산업 등 의 전문인력 – 교육부, 보건복지부, 농림축산식품부 등 국가기관의 공무원 – 한국생명공학연구원과 / 한국식품개발연구원 / 한국식품의약품안전청 등과 같은 국가연구기관의 전문연구인력
		기계시스템공학부 (융합기계공학전공) 2015 신설	[주요특징 / 교육내용 / 지원 / 졸업 후 진로] – 컴퓨터 활용하는 설계 교육, 다양한 실험실습 교육, 이를 통하여 다양한 산업 분야에 요구되는 이론과 실무능력 겸비한 유능한 엔지니어 양성 – 휴먼테크놀러지 창의인재 육성 목표로 하는 수도권대학 특성화사업(CK–II)에 선정되어 향후 5년간 교육부로부터 매년 9억원 규모 학부교육 관련 지원받음. – 첨단융합기술로서 각광받고 있는 태양에너지, 풍력터빈 등의 신재생에너지, 휴머노이드 / 산업 로봇, 자동차, 우주항공, 신소재, 바이오, 전자 / 반도체 / 메카 트로닉스 / 마이크로 / 나노시스템, 중공업플랜트, 국방, 스포츠, 웨어러블컴퓨터 등의 분야 진출
	인문계열	KMU Internalational Business School(KIBS)	[주요특징 / 교육내용 / 지원 / 졸업 후 진로] – 21세기글로벌 인재양성 목표로 설치된 독립학부, 2011년 신규개설(국제학부 소속) – International Business와 Information Technology 2개의 전공으로 구성, 국제사회 이끄는 비즈니스 전문가와 미래국제 IT업계 이끌어나갈 정보기술전문가 양성 목표로 21세기형 글로벌전문인재 육성: 모든 강좌 영어 진행 – 공인회계사(Certified Public Accountant: CPA), 공인재무분석가(Certified Financial Analyst: CFA), 공인손해보험 언더라이터(Chartered Property Casualty Underwriter: CPCU), SAP ERP Specialist

동국대	자연계열	바이오시스템대학 (생명과학과/바이오환경과학과/의생명 과학과/식품생명공학과)	[주요특징 / 교육내용 / 지원 / 졸업 후 진로] – 첨단신기술 개발 및 산학협력 체계 구축 수익모델 창출 목표 – 바이오시스템대학 내 4개 학과와 대학원과정 및 교내 연구기관인 생명과학연구원과 연계 국제적 수준 연구역량 배양하고 우수인재 양성, 관련학과의 교육 / 연구 집적화하고자 함 – 바이오시스템대학 합격자 전원 장학금 지급 – 공무원(중앙정부 및 지방자치단체의 환경직, 산림직 공무원) – 연구소(정부산하 연구소, 정부출연 연구소, 바이오벤처연구소 등) – 대학(각 대학 석/박사 연구원, 대학교수로 활동) – 기업체(바이오산업 관련 기업체, 환경 관련 공기업, 바이오환경산업관련 기업체 등)
		NIT(물리학과, 반도체과학과, 컴퓨터정보통신공학부)	[주요특징 / 교육내용 / 지원 / 졸업 후 진로] – 학부 및 일반대학원 관련학과와 교내 연구기관인 나노정보과학기술원과 연계, NIT 고급 전문인력 양성: NIT 최고연구그룹 구성 – IT/NT 융합 교육프로그램 개발, 학/석사 과정을 연계, 고급 전문 인력 양성, 우수 연구전담인력 확보: 산학연 클러스터 및 글로벌 네트워크 형성 – 신기능반도체 재료, 통신부품 설계, 시스템 직접회로 설계, 반도체 공정(나노테크놀로지)등의 대학원 과정으로 반도체업체에서는 소자 및 제조공정의 개발엔지니어 또는 집적회로 설계엔지니어로 활동 – 전자, 특히 하드웨어를 다루는 시스템, 초고주파 통신 분야에서 개발 엔지니어 – 컴퓨터 시스템 엔지니어: 컴퓨터 시스템의 분석, 설계 및 구현 – 소프트웨어 엔지니어: 시스템 및 응용 소프트웨어의 분석, 설계 및 구현 – 데이터베이스 관리자: 데이터 분석 및 관리, 데이터베이스 설계 및 시스템 튜닝 – 네트워크 관리자: 네트워크 관련 하드웨어 및 소프트웨어 자원의 관리 및 운영 – 정보처리기술사, 정보시스템 감리사, 컴퓨터 보안 전문가 등 IT 전문가로 성장 – IT관련 대기업체, 정보기술 전문업체, 금융업계, 국가기관 등에 취업
		융합에너지신소재공학과	[주요특징 / 교육내용 / 지원 / 졸업 후 진로] – 최근 각광받고 있는 분야인 나노소재 / 에너지 소재 / 전자·정보소재 3개 분야로 커리큘럼 구성 – 나노소재: 나노 소재의 결정구조, 미세조직 등에 대한 이해를 바탕으로 기계적, 물리적, 화학적 특성 강의 – 에너지 소재: 우리가 당면하고 있는 에너지 문제를 해결하는 데 도움을 줄 차세대 에너지원으로 나노 소재 및 전자/정보소재의 융복합 구성으로 Fuel Cell 및 Battery 소재 대하여 교육

			– 전자/정보 소재: 유기, 무기, 고분자 합성 및 다양한 가공 기술 등 핵량을 기반으로 디스플레이, 반도체, 회로 소재 등의 다양한 소재 교육 – 국공립 및 기업 연구소, 학교 등 연구개발 분야 연구직으로 진출가능 – 기술고시 통해 정부부처 관료로 진출 / 신소재 전문가로 진출
	인문 계열	경찰행정학부	[주요특징 / 교육내용 / 지원 / 졸업 후 진로] – 기존의 경찰행정학과를 2017학년도부터 경찰사법대학 경찰행정학부로 대개편: 통합선발 후 4학년 2학기 때 전공 결정 예정 – 경찰학/ 산업보안 / 범죄과학 / 교정학 등 4개 세부전공으로 나눠 교육 – 경찰학: 경찰조직, 인사, 예산, 기획을 비롯하여 최신 수사기법, 각 국 경찰제도, 민간경비 등 같이 경찰행정과 관련된 학문 – 범죄과학: 범죄원인, 범죄현상, 범죄대책, 범죄자교정, 관련 형사사법 정책 효과성 등 탐구하는 학문 – 주로 경찰(경찰간부시험–경위 다수 합격), 국가정보원, 대통령 경호실, 군수사기관 등 국가 중추기관은 물론 사회 각 분야로 진출
서강대	인문 자연 계열	아트 & 테크놀로지 전공	[주요특징 / 교육내용 / 지원 / 졸업 후 진로] –인문학적 상상력, 문화예술적 감성, 첨단기술의 공학을 창의적으로 융합한 새로운 형태의 교육시스템. – Creation, Beyond Imagination(상상, 그 이상의 창조) 슬로건으로 내걸고, 직관과 통찰에 의한 창의적 발상, 표현방법, 구현 기술 등에 대한 이해 기반으로 융합 프로젝트 수행하는 것이 목표 – 산업현장과 긴밀하게 연계된 프로젝트 수행, 전문가의 참여 통해 학생들에게 현실적인 감각 및 현장의 노하우 제공, 멘토링 시스템 운영이 특징 – 국내외 유명 연구소 및 기업에서 다양한 유형의 콘텐츠 및 IT와 관련된 일에 종사 가능. 문화예술과 관련된 국공립 또는 민간 기관에서 기획이나 홍보 등과 관련된 업무담당, 콘텐츠, 소프트웨어, 하드웨어와 관련된 지적 재산권이나 저작권 관련 창업가능. – 미국 카네기멜론대학교 ETC(Entertainment Technology Center) 비롯해, 국제협력교육에 적극적 참여함으로, 본 전공과 관련된 교육 및 연구 분야에서 훌륭한 역할 수행
서울 과기대	인문 계열	글로벌경영학과 (글로벌테크노 경영전공)	[주요특징 / 교육내용 / 지원 / 졸업 후 진로] – Smart technology 트랙 / Entrepreneurship 트랙 / Creative leadership 트랙으로 나뉘어 교육 – 미국 몽클레어 주립대학(MSU) 간의 복수학위제 체결로, 양 학교에서 각2년간 요구되는 과정을 이수한 학생에게 복수학위(양 학교의 경영학 학사학위) 수여 (서울과학기술대학교 GTM: 1학년 1학기 ~ 2학년1학기, 4학년 2학기 / 미국 MSU: 2학년 2학기 ~ 4학년 1학기) – MSU수학기간 동안, 미국 New Jersy주의 주민에게 적용되는 instate tuition이 적용되어 수업비 감면 효과/ 복수학위의 성공적 취득을 위한 사전준비 지원(여름 캠프 및 전공 교과목 영어강좌)

			– 국제화마인드 및 현장실무 경영능력 갖춘 인재로 성장가능 – 융합시대의 글로벌 산업혁명 전문가로 성장 및 해외 유수 대기업 취업

서울
과기대
	자연
	계열
		글로벌융합산
		업공학과(IT
		Management
		전공)
			[주요특징 / 교육내용 / 지원 / 졸업 후 진로]
			– ITM(Information Technology Management) IT에 대한 지식과 경
			  영 마인드 모두 갖춘 미래의 글로벌 IT 리더 양성 목표
			– 영국 Northumbria 대학과 교육과정 공유, 국내에서 정규교육과정 수
			  료 시 국내 학위와 영국학위 동시취득
			– 폭넓은 인턴 기회 위해 국내외 유수의 대기업 및 연구소와 강의 및
			  연구 교류
			– 모든 학생들에게 Northumbria 대학교 수업 참관: 영국 유학 생활 경
			  험할 수 있는 기회제공(항공료와 숙박비 전액 지원)
			– 미국 Rose-Hulam 대학 학생들과 공동 프로젝트 진행

		글로벌융합산업
		공학과 (MSDE
		전공)
			[주요특징 / 교육내용 / 지원 / 졸업 후 진로]
			– MSDE(Manufacturing Systems and Design Engineering: 생산시
			  스템 및 설계공학) 전공
			– 서울과기대와 영국 Northumbria대학교가 함께 운영하는 복수학위
			  프로그램으로 국내 학위와 영국 학위 동시에 취득
			– 복수학위프로그램 운영의 오랜 전통과 90% 이상의 높은 취업률을
			  자랑
			– 국제적 기준에 맞도록 설계된 교육과정, 모든 강의 영어 진행: 공학적
			  지식의 학습은 물론 영어능력 향상 가능
			– 자동차, 조선, 항공 및 철도차량 관련 기업, 반도체 관련 기업, 정밀가
			  공 및 측정 관련 기업, 건설 및 중장비 관련 기업, 기술 평가 및 투자
			  관련 기업

서울
시립대
	인문
	계열
		세무학과	[주요특징 / 교육내용 / 지원 / 졸업 후 진로]
			– 대기업과 정부의 세무 분야 전문화와 더불어 세무 분야의 전문가 양
			  성 시대적 요청 부응–전국 4년제 대학 중 처음 개설
			– 교양과 인접학문(회계학·법학·경제학·재정학 등)의 튼튼한 기반 위
			  에 세무 전문지식 쌓도록 하고 나아가 세무학의 학문적 정립 이념으
			  로 삼음
			– 세무학 학문적 정립 모색: 세무학개론·조세행정론·세무경영론·세무세
			  미나, 법학 관련 과목인 민사법·조세법총론·조세 절차법·관세법, 회
			  계학 관련 과목인 세무회계원리·세무회계, 재정학 관련 과목인 지방세
			  론, 국제조세 관련 과목인 국제조세법·비교조세법 등의 교과목 개설
			– 공인회계사, 세무사, 세무직 공무원, 변호사, 행정고시, 로스쿨 진학,
			  일반기업체 진출

성균관대	인문계열	글로벌경영	[주요특징 / 교육내용 / 지원 / 졸업 후 진로] – 글로벌 경쟁력을 갖춘 비즈니스 리더 양성을 목표로 MBA 수준의 커리큘럼 제공 – 국내 유일 Intensive-Core 프로그램(재무·마케팅·전략·생산운영관리 통합 학습) 도입 – 전공수업 100% 영어 진행 – 미국 인디애나대학 캘리비즈니스스쿨, 오하이오주립대학 피셔칼리지와 복수학위 프로그램 운영 – 국가고시 및 로스쿨 진학 프로그램 제공 – 입학생 기숙시설 우선 배정 및 지원금 지급(신입학 첫 해 학기당 100만원 한도) – 학생부종합전형 최초 합격 신입생 4년(8개 학기) 전액 장학금(입학금+수업료) 지급 – 행정고시, 공인회계사, 국책금융기관, MBA·로스쿨·해외명문대 진학, 대기업 취업
		글로벌경제	[주요특징 / 교육내용 / 지원 / 졸업 후 진로] – 국제금융전문가, 세계석학 양성을 목표로 학생 개인 진로에 특화된 교육과정 운영(특성화 교육과정 이수증서 수여) – 트랙별(이론경제·금융경제·법경제·공공경제트랙) CDP(Career Development Program: 진로준비) 구성 및 멘토 배정 – 전공수업 100% 영어 진행 – 미국 인디애나대학, 영국 버밍엄대학, 에식스대학, 네덜란드 에라스무스대학과 복수학위 프로그램 운영 – 국가고시 및 로스쿨 진학 프로그램 제공 – 입학생 기숙시설 우선 배정 및 지원금 지급(신입학 첫 해 학기당 100만원 한도) – 학생부종합전형 최초 합격 신입생 4년(8개 학기) 전액 장학금(입학금+수업료) 지급 – 행정고시, 공인회계사, 국책금융기관, 경제 연구원, 로스쿨·해외명문대 진학, 대기업 취업
		글로벌 리더	[주요특징 / 교육내용 / 지원 / 졸업 후 진로] – 국가 핵심 지도자 양성을 목표로 특화 프로그램 운영 – 트랙별(법무·정책학트랙) 맞춤형 교육과정 & 학회(학회별 지도교수 배정) 활동 – 국내 주요 공직자 양성 프로그램 참여 우선권 제공 – 진로밀착형 시스템(지도교수 1:1 멘토링, 특강, 스터디그룹 운영 등) – 입학생 기숙시설 우선 배정 및 지원금 지급(신입학 첫 해 학기당 100만원 한도) – 학생부종합전형 최초 합격 신입생 4년(8개 학기) 전액 장학금(입학금+수업료) 지급

		글로벌 리더	– 행정고시, 입법고시, 국립외교원, 로스쿨 진학, 공공기관, 법무법인, 대기업 취업
성균관대	자연계열	반도체시스템 공학과	[주요특징 / 교육내용 / 지원 / 졸업 후 진로] – 반도체 맞춤형 고급 기술인력 양성을 목표로 성균관대와 삼성전자가 공동으로 설립한 계약학과 – 현장 연계 프로그램(삼성전자 인턴십 프로그램 및 사업장 견학 등 실험실습, 현장실습 중심 교육) – 신입생 해외 오리엔테이션 & 해외 우수대학 교환학생 프로그램 – 삼성전자 연구개발직(E) 입사 보장(최소채용절차 통과자) – 4년 전액장학금 및 연간 학업장려금 1000만원 지급(기준 성적 충족 시) – 성적우수자 학업장려금 지급(1,2학년) & 기숙사 우선배정(1학년, 기숙사 입사신청 1차시기 지원자) – 대학원 연계 진학 시 등록금 지원 – 반도체 직접회로 설계 엔지니어, 시스템 소프트웨어 엔지니어 및 연구원, 반도체 관련 연구소, 대학원 진학
		소프트웨어학과	[주요특징 / 교육내용 / 지원 / 졸업 후 진로] – 세계 IT산업을 선도할 인재 양성을 목표로 하며 2017학년도부터 입학 정원 증원 – 학부, 대학원 연계 5년제(3.5+1.5) 통합과정 운영 – 산학협력을 통한 연구 및 교육(삼성SDS 멀티캠퍼스와 공동강의 및 실습교육 진행) – 국내외 SW전문기업 인턴십 및 미국, 중국 해외연수 프로그램 지원 – 글로벌 대학과의 워크숍(칭화대, 상해교통대) 참여 지원 – 8개 학기 전액 장학금(50명) / 첫 학기 등록금 반액 장학금(40명) – 기숙사 우선배정(1학년, 기숙사 입사신청 1차시기 지원자) – SW연구원, 정보처리관리자, 프로그래머, 시스템 분석가, 컴퓨터 보안 전문가, 컴퓨터 연구 개발자, 대학원 진학
		글로벌 바이오 메디컬 공학과	[주요특징 / 교육내용 / 지원 / 졸업 후 진로] – 바이오산업 분야를 이끌 의공학(생체의학과 최첨단 공학을 결합) 인재 양성을 목표로 특화된 교육과정 운영 – 첨단의료기기트랙, 생체재료트랙, 뇌과학트랙으로 구성 – 세계 최고의 교수진과 교육 인프라 및 산학협력 시스템(삼성 HME 사업부, 다국적 글로벌 기업 등) – 전공수업 100% 영어 진행 및 재학 중 국제학술저널(SCI)급 논문 1편 게재 – 국내외 학회 및 심포지엄 참가 기회 제공(연 1회 이상, 발표자 우선, 학업우수자 기준) – IBS뇌과학이미징연구단 특성화 프로그램(특별석학 세미나, Summer Brain Imaging School 등) 참여 가능

			– 우수 졸업논문상 수상자 특전(해외 공동연구 대학 및 연구소 파견 등) – 입학성적 우수자 4년 전액장학금 지원 / 학업장려금 지원 – 기숙사 우선배정(1학년, 기숙사 입사신청 1차시기 지원자) – 국내외 대학원 및 의학전문대학원 진학, 바이오산업 CEO, 국제의료 분야 연구원, 공공기관
세종대	자연 계열	국방시스템 공학과	[주요특징 / 교육내용 / 지원 / 졸업 후 진로] – 군사학발전과 우수 초급장교 양성 – 해군 무기체계 연구 및 개발 인재 양성 – 해군에서 4년 장학금 지급 – 졸업 후 7년간 해군 장교로 복무(근무성적 우수자는 장기복무장교로 선발 가능)
		항공시스템 공학과	[주요특징 / 교육내용 / 지원 / 졸업 후 진로] – 군사학발전과 우수 초급장교 양성 – 공군 무기체계 연구 및 개발 인재 양성 – 공군에서 4년 장학금 지급 – 졸업 후 공군 장교로 복무 (비행교육 수료자: 조종병과 장료로 복무, 의무복무기간 13년–본인희망 시 장기복무 가능 / 비행교육 중도 탈락자: 조종병과 이외 장교로 복무, 의무복무기간 7년–본인 희망 시 경쟁에 의한 장기복무장교로 선발 가능) – 비행교육 수료자는 의무복무기간 만료 후 전역 시 민간 항공 조종사 취업 추천 가능 – 일반대학 재학생과 동일한 조건의 대학생활 가능(대학재학 중 군사훈련 없음)
숭실대	인문 자연 계열	융합특성화 자유전공학부	[주요특징 / 교육내용 / 지원 / 졸업 후 진로] – 미래사회를 선도할 융합형 인재를 양성하기 위해 2017학년도에 학부 신설 – 신입생은 1학년 때는 융합특성화자유전공학부에 소속되어 교양교육, SW기초교육, 전공기초교육, 융합역량교육, 창의교육, 리더십교육 등을 이수 – 2학년 진급 시에는 '미래사회융합전공(스마트자동차, 에너지공학, 정보보호, 빅데이터, ICT 유통물류, 통일외교 및 개발협력)'과 '주전공(미래사회 수요 융합전공 참여 학과 중 선택)'을 1+1 체제로 선택하여, 해당 융합전공 및 주전공 교과과정을 이수 – 계열(대학) 구분에 관계없이 베어드입학우수 장학제도 자격기준 중 하나를 충족하는 경우 해당되는 장학혜택을 제공 (△4년간 장학금 △학업지원비(월 40만원) △기숙사 4년 무료 제공 △교환학생 파견 시 1,000만원(최대 2학기) 지원 △세계 최우수대학 박사과정 진학 시 2년간 총 4,000만원 지급 △세계 최우수대학 박사학위 취득 후 본교 교수채용 우선배려 △단기 해외 유학 프로그램 및 중국어 단기 어학연수 등)

			융합전공명	참여 학과	교육목표 및 교육내용
숭실대	인문 자연 계열	융합특성화 자유전공학부	스마트 자동차	기계공학과, 유기신소재· 파이버공학과, 전자정보공 학부, 스마트시스템소프트 웨어학과	스마트 자동차 기술의 급속한 발전 과 관련 시장 확대에 따라, 기계(자 동차)-소재-전자-정보통신기술 등 의 융합 교육을 통해 해당 분야의 21세기 글로벌 시장을 선점하고 산 업발전의 패러다임을 주도하는 스 마트 자동차 분야의 전문가 육성
			에너지공학	화학공학과, 유기신소재· 파이버공학과, 전기공학 부, 기계학과, 건축학부	신재생에너지 기술력의 선두에 도 달하기 위하여 학제 간의 융합 에너 지 기술을 보유한 에너지 융합 분야 핵심 인력 양성
			정보보호	소프트웨어학부, 수학과, 전자정보공학부	창의적 융복합형 정보보호 전문 인 재 양성을 위해 자기주도적 문제해 결 능력, 전문성과 융합적 사고력, 글로벌 역량의 향상 목표
			빅데이터	소프트웨어학부, 정보통 계·보험수리학과, 스마트 시스템소프트웨어학과	IT기술과 융합한 빅데이터 산업에 서의 새로운 가치 창출을 위한 창조 적 소프트웨어 인재 양성
			ICT 유통물류	경영학부, 벤처중소기업학 과, 컴퓨터학부, 산업·정 보시스템공학과, 전자정보 공학부	유통물류 분양에서 ICT를 기반으 로 한 옴니채널 서비스 혁신 전문인 력 양성
			통일외교 및 개발협력	정치외교학과, 사회복지학 부, 행정학과, 정보사회학 과, 언론홍보학과, 평생교 육학과	통일과정 및 통일 이후 미래 한 국사회의 통합 및 국제 개발 협 력에 기여할 수 있는 융합형 인 재를 발굴, 육성
중앙대	인문 계열	공공인재학부	[주요특징 / 교육내용 / 지원 / 졸업 후 진로] – 행정, 정책, 법률 아우르는 교육과정 통하여 공익과 사회정의 추구 인 　재상 구현 – 행정 및 법률 전문가 목표로 하는 수요자 중심의 교육과 실용적 교육 　시스템으로 공공부문 전문가 양성 – 국가고시 준비 위한 책임 지도 교수제, 고시 합격자 졸업생과 1:1 멘 　토링, 고시반 입반 우선권, 인터넷 강의		
		국제물류학부	[주요특징 / 교육내용 / 지원 / 졸업 후 진로] – 경영경제 및 무역, 회계학 등의 기초과목 이수 후 물류관리, 국제물 　류, 물류시스템 등 중심 전문교육 실시 – 국제물류인으로서 필요한 외국어 교육 및 국내외 현장실무 교육, 인 　턴십 프로그램을 실시함으로 특화된 교육서비스 제공		

			– 국내 교수 5명, 영국·중국·대만 국적 외국인 교수 6명의 글로벌 교수진 – 국제물류 실무자와 멘토링 실시 – 취업 실전 프로그램으로 국제물류 관련 자격증 특강, 취업캐리어 관리 – 해외 명문대학(영국 카디프대학, 중국 산동대, 상해 교통대, 홍콩 폴리텍)과 학과 간 교환학생 제도 실시 – 국내외 글로벌 물류유통업체, 해운, 항만, 무역업체, 제조업체의 물류업무 등 기업체, 정부기관 및 국영기업체, 연구소, 글로벌 포워더사, 컨설팅 등에서 물류전문가로 활동
		글로벌금융	[주요특징 / 교육내용 / 지원 / 졸업 후 진로] – 금융형식과 금융통합 등 글로벌 금융부문의 최신 트렌드 반영 교과과정 – 이머징 마켓 포함한 글로벌 금융시장 대한 경험의 장 제공: 교과과정 – 실무경험 통한 지식 습득 강조하는 글로벌 금융 산업의 요구에 부합하는 교과과정 – 회계학·경제학 등 인접학문과 금융이 융합하는 글로벌 금융교육의 추세 부합하는 교과과정 – 경영인재A/B/C 유형에 따른 장학금 및 학습보조비 지급 – 생활관 우선 배정 & 본교 석·박사 과정 진학 시 학비 지원 – 해외연수 경비 보조, 재학 중 최소 1회 이상 지도교수 인솔하에 뉴욕, 런던, 동경, 홍콩, 싱가포르, 두바이 등 국제금융 중심지 해외 연수 – GF(Global Finance) 참세미나 수강
중앙대	자연 계열	산업보안학과 (2015신설)	[주요특징 / 교육내용 / 지원 / 졸업 후 진로] – 산업보안이란 조직이 보유하고 있는 유·무형 자산(기술, 인력, 장비, 정보 등)을 보호하고, 손실을 방지하기 위한 다차원의 학문 연구 지칭. – 본 학과 교육과정 통해 국가 중요시설(전력시설, 공항, 방송·통신 등 국가기반시설), 첨단 산업기술(방위산업체, 연구소 등의 R&D결과물), 핵심 기업자산(영업비밀정보, 고객정보, 특허 등) 등에 대한 보호 및 안전성 유지를 할 수 있는 창의 융합형 글로벌 보안리더 양성 목적 – 산업보안 서비스 수요기관(공무원, 연구소, 기업체 등 공공 및 민간 분야 모든 업종에서 보안관리자, 보안정책 개발자) – 산업보안 서비스 공급기관(경영/IT 컨설팅 업체, 시스템 통합(SI) 업체, 보안평가 및 인증기관, 보안 전문기관 등 보안서비스 및 시스템 개발 업무 수행) – 산업보안 대학원 진학 또는 해외유학
		에너지시스템 공학	[주요특징 / 교육내용 / 지원 / 졸업 후 진로] – 에너지시스템공학부: 에너지시스템 엔지니어링에 관련한 다양한 공학 분야의 융복합 교육 통한 에너지와 전력산업의 글로벌 리더형 인재양성 교육 목표

중앙대	자연계열	에너지시스템공학	– 다양한 에너지 이용 분야의 산업체 진출과 연구개발, 엔지니어링 기술 개발 등을 수행할 수 있도록 교육체계 구성 – 원자력 전공 / 발전기계전공 / 발전전기 전공 3분야의 전공 체계 – 발전 및 전력설비의 설계, 제작, 건설과 관련된 플랜트시스템 엔지니어링기업, 발전 및 에너지 플랜트 건설기업, 기자재 제작 중공업 기업, 열 및 전기 에너지의 이용과 관련되는 제조기업 – 원자력발전과 화력발전 공기업 및 민자 발전 업체, 전력계통 운영기관 등 다양한 에너지 산업체와 정부를 포함한 에너지 관련 공공기관으로 진출 – 석·박사과정으로 전문영역을 심화하여 신형원자로의 개발, 청정발전 시스템, 차세대전력계통개발 등 첨단 에너지시스템 연구와 관련된 국가 출연 연구기관에 진출
		융합공학부	[주요특징 / 교육내용 / 지원 / 졸업 후 진로] – 1학년 때 융합공학부 필요한 교양과목 이수한 후, 2학년 이후 전공(나노·바이오·소재공학/의료공학/디지털이미징공학)을 선택하여 독자적인 커리큘럼과 규정에 따라 학사 운영 – 기초과학 및 공학 관련 다양한 학문분야에 걸친 넓은 지식을 함양, 이를 바탕으로 융합적인 문제 인식, 분석 및 해결할 수 있는 창의적 인재 양성 – 당면한 산업사회의 요구에 부응하고 미래의 새로운 기술 개발에 도전하기 위하여, 실험을 계획 및 수행하고 시스템, 요소 및 공정 설계할 수 있는 능력을 갖추고 평생 교육에 능동적으로 참여할 수 있는 독창적이며 능동적인 인재 양성 – 공학인재A/B/C/D 유형에 따른 장학금 지급 – 첨단 연구시설 R&D(연구개발) 센터 건립
		컴퓨터공학부 소프트웨어전공 (2015 신설)	[주요특징 / 교육내용 / 지원 / 졸업 후 진로] – IT시장의 주도권이 하드웨어 → 소프트웨어로 이동함에 따라 소프트웨어 교육 중요성 대두, 따라서 기존 컴퓨터공학부 內 소프트웨어전공신설 – 실무능력을 갖춘 소프트웨어 인력양성 목적 – 대기업, 관청, 공공기업, 전산 관련 전문 기업, 컴퓨터 관련 벤처 기업 등에 취직하여 컴퓨터와 관련된 분야를 개척해 나가는 선구자적인 엔지니어로 근무 – 대학원 진학 또는 학계나 연구소 근무
한국외대	인문계열	LD학부/LT학부	[주요특징 / 교육내용 / 지원 / 졸업 후 진로] – 고급 전문가 양성(Language & Diplomacy: 국제외교/ Language Trade: 글로벌 통상) – Grandes Ecoles 수준의 고급실무 전문교육프로그램

			– 외국어 교육+산업통상지식+국제화경험+실무지식+100% 원어강의 +외국대학 교환학생 및 글로벌기업의 해외 인턴 통해 글로벌 산업 및 통상 전문가 양성 – 면학 분위기 조성 위한 인프라 제공(전용 면학실 운영) – 학부 4년 전액 및 반액 장학금 (장학조건 만족하는 경우) – 이중전공 우선배정 / 국제교류프로그램 우선배정 / 기숙사 우선 배정 – 대학원 진학 시 특전(통번역대학원: 1차시험 면제+2년 장학금/국제지역대학원: 입학시험 면제+2년 장학금) – 국립외교원(외교관 진출), 행정고시, 국제기구, 국제금융기관 등 진출 가능
한양대 (서울)	인문 계열	행정학과	[주요특징 / 교육내용 / 지원 / 졸업 후 진로] – 대한민국 창조경제를 주도할 국가경영 핵심인재 양성 / 행정고시, 입법고시 등 정원대비 합격자 수 전국 최상위권 – 행정학 각론에 해당하는 조직, 인사, 재무, 지방자치, 정부혁신 등의 주제를 토대로 해당 분야의 최신 이론과 실무사례에 대한 깊이 있는 이해를 할 수 있으며, 정책의 형성과 집행, 평가 등 정책과정 전반에 대한 이해를 바탕으로 분야별 정책에 대한 이론 및 사례를 학습하여 정책전문가로서의 소양을 함양 – 수시/정시 합격자 전원 4년 전액 장학금 지급(장학금 지급 학점 유지 조건: 직전학기 성적 3.5이상) – 행정고시 준비·로스쿨 진학에 특화된 교육 프로그램 운영 / 행정고시반·로스쿨 준비생 전용 연구실 운영 / 행정고시 준비생 전용 기숙사 운영 / 고위공직 자·법조인 동문 멘토링 프로그램 운영
		정책학과	[주요특징 / 교육내용 / 지원 / 졸업 후 진로] – 정치, 경제, 법, 철학 등 융복합 교육을 통해 고위공직자와 예비 법조인 및 국가 고위 정책결정자 양성 – 옥스퍼드 대학이 자랑하는 PPE(philosophy, politics and economics) 과정에 법학(law)을 접목시킨 PPEL과정 운영 – 수시/정시 합격자 전원 4년 전액 장학금 지급(장학금 지급 학점 유지 조건: 직전학기 성적 3.5 이상) – 행정고시 준비·로스쿨 진학에 특화된 교육 프로그램 운영 / 행정고시반·로스쿨 준비생 전용 연구실 운영 / 행정고시 준비생 전용 기숙사 운영 / 고위공직자·법조인 동문 멘토링 프로그램 운영
		파이낸스 경영학과	[주요특징 / 교육내용 / 지원 / 졸업 후 진로] – 금융(Finance)에 특화된 교육과정을 통해 금융 분야 Specialist를 양성. 금융학과 경영학이 융합되어 재무와 금융 쪽에 특화된 커리큘럼을 이수하는 한양대학교의 유일한 학과임 – 금융자격증, CPA, CFA, 금융국가고시, 외국 MBA 및 미국 금융공학석사과정 맞춤형 교육과정 운영

한양대 (서울)			– 수시/정시 합격자 전원 4년 전액 장학금 지급(장학금 지급 학점 유지 조건: 직전학기 성적 3.5 이상) – 국제공인재무분석사(CFA) 고시반 입반 우선권 부여
	자연 계열	융합전자공학부	[주요특징 / 교육내용 / 지원 / 졸업 후 진로] – 통신, 반도체, 디스플레이, 컴퓨터 등의 IT신기술을 결합하여 스마트폰, 미래자동차, 지능형로봇, 생명과학, 우주항공 등의 분야에서 새로운 가치를 창출 – 각 학교의 연구력을 가늠할 수 있는 BK21 사업단 평가에서 정보기술 분야 대형사업단 6차년도 평가 중 모두 4번의 1위 평가를 받았으며, 교수 1인당 특허 및 기술이전 실적도 1위의 성과를 보이고 있음. 2014년 행정고등고시 기술직 통신직렬에서 수석 합격자를 배출하였으며, 특히 2011년 기술고등고 시에서는 학부 재학생의 통신직 수석 및 전국 최다합격자(총 5명 중 3명)을 배출, 전산직 최연소 합격자를 배출함 – 전자, 통신, 컴퓨터 공학 이론과 기술을 바탕으로 융합 분야 수요에 따라 교과과정을 실용적으로 운영 – 수시/정시 합격자 전원 4년 전액 장학금 지급(장학금 지급 학점 유지 조건: 직전학기 성적 3.5이상) * 1~2학년: 한양대학교 지급 * 3~4학년: 산학협력 글로벌 기업의 산학장학생 지원가능(기업체에서 선발) – 산학협력기업 취업 연계/ 본교 동일계열 석박사통합과정 진학 시 장학생 우선 선발
		컴퓨터 소프트웨어학부	[주요특징 / 교육내용 / 지원 / 졸업 후 진로] – 미래 IT 기술의 근간이 되는 컴퓨터공학 및 컴퓨터과학 분야의 핵심 고급 인력을 배출하고, 대한민국의 국가경쟁력 제고에 공헌 – 전임교수진은 25명의 컴퓨터공학 및 컴퓨터과학 분야 권위자로 구성되어있으며, 교수진들은 컴퓨터시스템, 데이터베이스, 네트워크, 알고리즘, 인공지능, 영상처리 등의 분야에서 매우 강한 연구그룹을 형성하고 있음 – 기업이 원하는 현장 실무형 인재를 양성하기 위하여 매우 엄정한 학사 관리를 시행하고 있으며, 기업들은 본 학부의 고급 인재들이 안정적으로 학문에 증진할 수 있도록 장학 및 취업 지원을 제공하고 있음 – 수시/정시 합격자 전원 4년 전액 장학금 지급(장학금 지급 학점 유지 조건: 직전학기 성적 3.5 이상) * 1~2학년: 한양대학교 지급 * 3~4학년: 협약기업 산학장학생 선발자 등록금 전액 지원 및 취업보장(협약기업이 보장) – 산학협력기업 취업 연계 / 본교 동일계열 석박사통합과정 진학 시 장학생 우선 선발 / 본교 대학원 컴퓨터소프트웨어학과 진학 시 학부장학금 지급

한양대 (서울)	자연 계열	에너지공학과	[주요특징 / 교육내용 / 지원 / 졸업 후 진로] - 그린 에너지 및 지구온난화 대응 융합기술 프로그램을 바탕으로 지구와 인간의 미래를 밝힐 에너지 분야 글로벌 리더 양성 - 소수 정예의 특색을 살려 교수와 학생의 비율을 1:10으로 운영하고 있으며, 연구 중심의 커리큘럼을 운영 - 수시 / 정시 합격자 전원 4년 전액 장학금 지급(장학금 지급 학점 유지조건: 직전학기 성적 3.5 이상) - 산학협력기업 취업 연계 / 본교 동일계열 석박사통합과정 진학 시 장학생 우선 선발 / 3·4학년 재학 중 연구활동비 지급 / 해외 공동연구 프로그램 참여 보장
		미래자동차 공학과	[주요특징 / 교육내용 / 지원 / 졸업 후 진로] - 전기·전자·정보통신이 접목된 차세대 그린카(친환경자동차) 및 스마트카(지능형자동차) 개발을 선도할 미래자동차 분야 전문 인력 양성 - 현장 연계 프로그램, 맞춤형 학습지도, 해외 우수 석학으로 이루어진 차세대 공학 프로그램 운영 - 수시/정시 합격자 전원 4년 전액 장학금 지급(장학금 지급 학점 유지조건: 직전학기 성적 3.5 이상) * 1~2학년: 한양대학교 지급 * 3~4학년: 산학협력 글로벌 기업의 산학장학생 지원가능(기업체에서 선발) - 산학협력기업 취업 연계 / 본교 동일계열 석박사통합과정 진학 시 장학생 우선 선발
한양대 (에리카)	인문 계열	문화콘텐츠학과	[주요특징 / 교육내용 / 지원 / 졸업 후 진로] - 늘어나는 문화콘텐츠 분야의 전문가 양성을 목표, 2004년 국내최초로 창설된 문화콘텐츠학과 - 현장실무 중심 교육실시 장·단기 현장실습을 통한 실무능력 제고, 프로젝트 기반의 산학협력 강의 - 4년간 반액장학금 지원(정시정원 내 최초 합격자 해당) - 문화콘텐츠 전문 기획자, 문화콘텐츠 전문가, 방송국, 국가기관, 광고회사 등 다양한 분야 진출가능
		광고홍보학과	[주요특징 / 교육내용 / 지원 / 졸업 후 진로] - 소비자의 마음을 움직이는 광고의 창조 및 광고 산업 현장에서 요구하는 이론과 실무를 겸비한 창의적이고 미래지향적인 전문 인력 양성 - 4년간 반액장학금 지원(정시정원 내 최초 합격자 해당) - 광고회사의 AE, 카피라이터, 미디어플래너, 프로듀서, cf감독, 그리고 기업의 광고 및 마케팅 담당자 - 홍보업무담당자, PR컨설턴트, 혹은 기업커뮤니케이션 컨설턴트, 커뮤니케이션관리자

한양대
(에리카)
	인문
	계열
		보험계리학과	**[주요특징 / 교육내용 / 지원 / 졸업 후 진로]**
			– 국내 유일의 보험계리 금융공학 전문가의 요람
			– 금융상품을 설계하고 가치를 평가하며 금융기관의 위험을 관리하는
			  등 금융시장을 분석하는 학문
			– 2014년부터 한국 보험계리사 시험이 미국이나 영국처럼 과목별 합격
			  제도로 변경되면서 시험과목들에 대한 체계적이고 심도있는 교육이
			  요구되는 실정에 이러한 과목들을 체계적으로 학습할 수 있는 유일
			  한 학과
			– 4년간 반액장학금 지원(정시정원 내 최초 합격자 해당)
			– 생명보험사, 손해보험사, 유사보험을 다루는 협동조합, 사회보험분야,
			  계리컨설팅회사, 회계법인, 은행 및 증권회사, 금융감독원 및 보험개
			  발원 등 관련기관 등 다양한 직업 진출군

	자연 계열	생명나노공학과	**[주요특징 / 교육내용 / 지원 / 졸업 후 진로]** – 바이오 기술과 나노기술의 융합을 통한 신개념 질병진단 및 치료개발 – 최첨단 신기술 산업 생명 나노 분야 이끌어 갈 전문 인력 양성 – 4년간 반액장학금 지원(정시정원 내 최초 합격자 해당) – 재학 중 우수학생 중 3, 4학년 재학 시 해외공동 연구 프로그램 참여 – 대학원 진학 시 전액 장학금 및 생활비지급

		로봇공학과	**[주요특징 / 교육내용 / 지원 / 졸업 후 진로]**
			– 기초로봇공학실험, 동영학, 시스템해석, 센서와 액츄에이터 등 다양한
			  커리큘럼 제공
			– 성장 가능성 있는 차세대 국가 기간산업인 로봇 분야에 꼭 필요한 시
			  스템 엔지니어 및 로봇전문가로 성장할 수 있도록 교육
			– 캠퍼스 내에 위치한 LG 이노텍 부품소재 연구소, 경기테크노파크,
			  한국생산기술연구소, 한국산업기술시험원과 연계해 폭넓은 실전적
			  실습 가능
			– 여름학기 통해 미국 Drexel 대학교와 공동으로 로봇학기 개설, 미국
			  교수로부터 직접 로봇수강
			– 4년간 반액장학금 지원(정시정원 내 최초 합격자 해당)
			– 전문적인 로봇공학자 / 시스템 엔지니어로서 각종 제품개발 책임자
			  진출 위한 대학원 진학 등

		국방정보공학과	**[주요특징 / 교육내용 / 지원 / 졸업 후 진로]**
			– 2013년 8월 해군–한양대학교 간에 체결된 "군사학 발전 협의서"에
			  의거하여 2015년 1학기부터 30명 정원의 학과가 개설
			– 해군이 요구하는 최소한의 군사학 과목을 제외한 모든 과정이 일반
			  공과대학의 교육과정과 동일
			– 미래 전자전 무기체계 중추적 분야로 인식되고 있는 디지털 신호처
			  리, 통신기술, 컴퓨터 네트워크, 정보보호 분야에 대한 다양한 전문적
			  이론 및 응용 기술을 이해 / 활용할 수 있는 공학적 전문성 / 창의성
			  양성

한양대 (에리카)	자연 계열		– 4년 전액 장학금 지원 (군장학생) – 졸업 후 7년간 해군 기술장교로 복무

		분자생명과학과	[주요특징 / 교육내용 / 지원 / 졸업 후 진로]
			– 첨단 생명과학 전문가 양성을 목표
			– 바이오산업, 바이오의약분야의 실험실습을 병행하며 생명과학분야를
			  선도하는 인재양성
			– 4년간 반액장학금 지원(정시정원 내 최초 합격자 해당)
			– 국가연구소, 화장품회사, 바이오벤처기업, 제약회사, 바이오 관련 전
			  문가 등 진출가능

인천대	인문
	계열
		동북아국제
		통상학
			[주요특징 / 교육내용 / 지원 / 졸업 후 진로]
			– 21세기 동북아 시대를 맞아 지역적 특성에 걸맞는 국제통상 실무 인
			  력 양성(러시아/중국/일본/미국 4개국)
			– 국제통상 실무인력 양성 위해 재학 중 1년간 동북아 4개국(중국·일
			  본·러시아·미국) 우수대학과의 학생교환프로그램 시행
			– 언어·문화·통상 관련된 현지정규교육 실시 위해 1년간 현지유학
			– 재학생 전원 기숙사 생활 시스템
			– 재학생 전원 4년간 전액 장학금 지급(자격요건 충족)
			– 어학실력 및 각 국가 경제, 무역, 우리나라와의 관계 등의 전문 지식
			  을 갖춘 국제적 인재로 양성 되어 졸업 후 행정고시 및 외무고시 / 인
			  천국제공항 / 경제자유구역청 / 외환은행 / 한국조폐공사 등 공기업
			  / 대기업 / 금융회사와 같은 사회 여러 분야로 진출 가능

인하대	인문
	계열
		글로벌금융학부	[주요특징 / 교육내용 / 지원 / 졸업 후 진로]
			– 금융전공 지식의 심화와 금융기관과 기업체의 니즈를 반영하여 설계
			  된 실사구시형 금융 실무 전문가 양성 위한 맞춤 교과과정
			– 통계학 분야와의 연계성 지닌 교과과정 통하여 금융공학과 관련된
			  심화학습
			– 4년간 등록금 전액 지원: 수시 2차 합격자 전원(12명) 및 정시 3명
			– 본교 일반대학원 진학 시, 수업료 지원
			– 교환학생 및 단기, 장기 해외 연수학생 선발 시 우대

		아태물류학부	[주요특징 / 교육내용 / 지원 / 졸업 후 진로]
			– 아태물류학부: 글로벌 비즈니스, 정보화 시대에 "실용적 지식과 국제
			  적 감각 지닌 글로벌 물류경영인 양성" 위해 설립(2004년)
			– 체계상 물류학 단일전공으로 되어 있으나, 세부적–물류경영, 국제물
			  류, 물류정책·경제, 물류시스템, 물류정보 5개 영역에서 다양한 과목
			  개설(현장학습 실습: 기업 인턴제도)
			– 4년간 등록금 전액지원: 정시 가군(25명)·나군(5명) 30명 합격자
			– 본교 물류전문대학원 학술 석박사 과정 수업료 지원
			– 교환학생 및 단기, 장기 해외 연수학생 선발 시 우대

인하대	자연계열	에너지자원공학

대학	계열	학과	내용
인하대			− 21세기 국내 및 글로벌 제조업체, 유통업체, 물류업체, 항공사, 해운선사, 컨설팅 등 기업체, 정부기관 및 국영기업체, 국책연구원 및 대기업 연구소 등 다양한 분야에서 물류 및 경영 전문가로 활동 − 물류관리사, 국제공인자격인 CPL(Certified Professional Logistician), CPIM(Certified in Production and Inventory Management), CPM(Certified Purchasing Manager), e−비즈니스 국제자격 등 다양한 국내외자격을 취득, 대학원 진학 등
	자연계열	에너지자원공학	[주요특징 / 교육내용 / 지원 / 졸업 후 진로] − 에너지자원공학과: 2009년 지식경제부로부터 [자원개발 특성화대학]으로 선정: 2010학년도 신설, 해외 석유, 가스 및 광물자원의 확보 위한 에너지자원 개발 전문 인력의 체계적인 양성 및 공급 시스템 복구 위한 국가 정책에 부응하며 국제적 위상의 교육환경 구축으로 국내 에너지 분야의 선도적 위치 선점 목표 − [자원개발 특성화대학] 선정된 에너지자원공학과: 정부 및 한국석유공사, 한국가스공사, 한국광물자원공사로부터 재정 및 교육적 지원 − 4년간 등록금 전액 지원: 수시 2차 합격자 전원(10명) − 본교 일반대학원 진학 시, 수업료 지원 − 교환학생 및 단기, 장기 해외 연수학생 선발 시 우대 − 국영기업체(한국석유공사, 한국가스공사, 한국광물자원공사 등) − 해외자원개발 참여 민간 기업(삼성, 현대, LG, 대우, SK, 대성 등 30여개사) − 정부출연 기관 및 연구소(에너지관리공단, 한국지질자원연구원, 한국해양 연구원 등) − 자원개발펀드 운영 99개사(자산운용사 50개사, 증권사 3개사, 은행 및 보험사 18개사)
단국대	인문계열	국제학부 (국제경영학전공)	[주요특징 / 교육내용 / 지원 / 졸업 후 진로] − 글로벌 경영인 양성 목표 / 경영학+비즈니스 영어 등 영어회화 수업(100% 영어강의) − 국내외 인턴쉽 등 다양한 실무경험 지원 / 해외대학(미국 서던오리건대학) 복수학위 프로그램 운영 − 해외기업, 국가기관, 대기업, 공인회계사, 해외창업 등 다양한 분야로 진출
	자연계열	국제학부 (모바일 시스템 공학 전공)	[주요특징 / 교육내용 / 지원 / 졸업 후 진로] − 다양한 이동통신 및 무선인터넷 등 모바일환경에서 스마트폰, 스마트패드, 스마트TV, 스마트차량 등의 다양한 차세대 이동통신기기와 네트워크 시스템의 음성, 데이터 및 영상 멀티미디어 분야의 솔루션과 애플리케이션 등의 차세대 기술 개발, 기획 및 마케팅 분야의 전문 실무 능력과 함께 다양하고 국제적인 감각 갖춘 전문 인력 양성

			– 전문적 실무·실용능력 배양: 실습 위주 및 팀워크에 의한 문제해결 능력에 바탕 둔 전공심화교과 과정과 산업체 지원에 의한 프로젝트 중심의 교과과정 운영 – 국외 대학과 교환학생 및 학점 교류지원, 외국 유학생 유치 지원 / 영어중심의 강의 운영, 삼성전자와 협약–연구비 지원 – 스마트폰, 스마트 패드, 스마트 TV 모바일 통신 관련 분야 산업체, 연구소 등의 기술개발 및 연구, 기획 및 마케팅 분야로 진출 – 차세대 모바일 통신네트워크 시스템 설계, 연구 분야 및 망 운영 산업 부문 / 애플리케이션 및 컨텐츠 분야 / 모바일 관련 해외의 산업체, 연구소
아주대	자연 계열	국방디지털융합 학과 (2015년신설)	[주요특징 / 교육내용 / 지원 / 졸업 후 진로] – 일반 정보통신기술과 공군 특화 정보통신기술이 융합된 특성화 학과로서 공군의 NCW(네트워크중심전: Network Centric Warfare) 전장 환경 구축 및 운용을 위한 전문 기술 인력 양성을 목표(공군 계약학과) – 입학생 전원 입학금 및 4년간 수업료 전액 면제 / 4년간 기숙사 입사 보장 – 교환학생 및 해외연수 프로그램 지원자격 충족할 경우 선발 시 가산 점부여 – 졸업 후 100% 공군 ICT분야 전문기술장교로 임관(7년간 복무): 소/중위(비행단 소/중대장, 연구개발부서). 대위(공본/사령부 참모부서 등) – 근무분야: 전술통신/네트워크/데이터링크/항공전자/시스템분석 등 – 공군장교 전역 후 진출분야: 국방연구기관(국방과학연구소), 국가기간, 항공기업, 국방IT 기업
		소프트웨어학과 (2016년 신설)	[주요특징 / 교육내용 / 지원 / 졸업 후 진로] – 글로벌 소프트웨어 인재양성을 목표로 2015년 미래창조과학부의 'S/W중심대학 지원사업' 선정으로 정보컴퓨터공학과와 소프트웨어융합학과를 통합하여 2016년 신설 – 글로벌 표준 교육과정, 산학밀착형 소프트웨어 프로그램, IT영어교육, 해외인턴십 제공 – SW우수인재장학A,B를 통한 대상자 전원 입학금 및 4년간 수업료 전액 면제 / 4년간 기숙사 입사보장 – 졸업후 IT 관련 기업(정보통신, S/W, 전자 등), 프로그래머, 소프트웨어 디자이너, 소프트웨어 아키텍트, 시스템 엔지니어, 통신전문가, 보안전문가 등으로 진출

아주대	인문 계열	금융공학과	[주요특징 / 교육내용 / 지원 / 졸업 후 진로] – 재무학/경제학/통계학/전산학/수학 등을 합친 융합학문, 금융전문가 양성 목표– 3년간 시리즈로 개설되는 글로벌금융이슈(EBP) 과목을 통해 글로벌 금융기관에 관한 감각을 갖출수 있는 기회 제공 – 은행, 증권사 등 금융기관 취업, 대기업/공공기관 등 금융전문가로 활동 가능

대학명	계열	학과명	특징 및 장학혜택
이화여대	인문 / 자연 계열	스크랜튼학부	[주요특징 / 교육내용 / 지원 / 졸업 후 진로] − 2007년 설립된 국내 최초의 미래형 학부대학 − 자유전공학부로 입학하여 다양한 분야를 경험하고 공부한 후에 1학년 말에 자신의 주(主)전공 결정 − Honors Program으로 자기설계전공을 필수적으로 복수전공하여 융합학문 분야를 이수하여 기초학문분야 및 전문분야 진출 위한 다양한 지식과 소양을 쌓을 수 있는 맞춤 교육의 기회 제공 − 수시, 정시모집 최초 합격생 중 상위 50% 4년 등록금 전액, 나머지 50%는 2년 등록금 전액 지급 및 해외연수장학금 지급 − 신입생 중 신청자 기숙사 1년 우선 배정, 대학원생 멘토 튜터링 프로그램 운영 − 국내외 Law School, Medical School 진학, 국내외 대학원 진학, 정부와 정부기구, 국제기구 및 다국적 기업, 언론사, 컨설팅 관련 기업체 진출
		융합학부 (뇌·인지 과학 전공)	[주요특징 / 교육내용 / 지원 / 졸업 후 진로] − 2015년 국내 최초로 학부단위 뇌인지과학전공 신설 − 21세기 인류 최후의 연구분야인 뇌·인지 분야 과학자 및 의학, 생명과학, 경제경영, 법정치 등 사회 각 분야에서의 전문가 양성 목적 − 뇌융합과학연구원 세미나, 뇌인지과학과 대학원생 멘토링 프로그램 운영 − 국내 및 해외 대학원 진학, 의학전문대학원, 법학전문대학원, 치의학전문대학원 진학, 과학 기술 관련 정부부처 진출 및 다국적 제약회사를 비롯한 기업체 입사. 변리사 등 전문 분야 진출. 금융기관, 컨설팅 관련 기업체 등 입사
		휴먼기계바이오공학부	[주요특징 / 교육내용 / 지원 / 졸업 후 진로] − 전세계적으로 수요가 증대되고 있는 바이오헬스 신산업 분야를 연구하는 첨단 융합학문분야로 2017년 신설된 전공 − 융합기계공학트랙, 의생명공학트랙, 바이오데이터공학트랙을 운영하며 1학년 말에 원하는 트랙 자유롭게 선택 − 수시모집 인문계열, 자연계열 모두 선발 − 수시 최초합격자 1년 등록금 전액 장학금 지급 및 수시, 정시 합격자 중 기숙사 입사 시 기숙사비 1년간 지원 − 메카트로닉스공학자, 로봇공학기술자, 의공학기술자, 의료기기개발자, 바이오정보시스템개발자, 정보기술컨설턴스, 바이오데이터분석전문가, 변리사, 교수 등

여자대학 특성화학과

			[주요특징 / 교육내용 / 지원 / 졸업 후 진로]
이화여대	인문 / 자연 계열	소프트웨어학부 (컴퓨터공학 전공)	- 국내 컴퓨터공학과 중 가장 오랜 역사를 가지고 있으며 1981년 전자계산학과로 출발하여 현재까지 운영 - 소프트웨어, 하드웨어시스템, 멀티미디어, 디지털 콘텐츠, 정보통신시스템, 네트워크 등 정보통신 분야 교과과정 운영 - 대기업, 국책연구소, 첨단소프트웨어 산업체들과 공동연구 및 자문 수행, 서울어코드 사업, 삼성전자 소프트웨어 인재양성 프로그램 등 산학연계 사업 및 인턴십 수행 - 수시모집 인문계열, 자연계열 모두 선발 - 국내 기업체, 국내외 IT 전문업체, 컴퓨터 정보통신업체, 정부출연연구소, 금융기관, 언론기관 진출 및 국내외 대학원 진학, 기술고등고시, 변리사, 전문 기자, 교사, 공무원 진출
		미래사회공학부 (기후에너지시스템전공)	- 기후변화/기후변동을 감시, 예측하기 위한 과학기술과 기후변화대응을 위해 요구되는 에너지 활용/신재생 에너지 등의 에너지시스템 기술을 다루는 학문으로 이화여대에서는 2012년 대학원 대기과학공학과, 2017년 학부단위 기후에너지시스템공학 전공 신설 - 수시 최초합격자 1학기 등록금 전액 장학금 지급 및 수시 합격자 기숙사 입사 시 기숙사비 1년간 지원 - 국내 기업체, 국내외 IT 전문업체, 컴퓨터 정보통신업체, 정부출연연구소, 금융기관, 언론기관 진출 및 국내외 대학원 진학, 기술고등고시, 변리사, 전문 기자, 교사, 공무원 진출
	자연 계열	소프트웨어학부 (사이버보안 전공)	- ICT 기술 확대에 따른 전문보안인력 요구 증대로 2017년 신설하여 ICT 및 다양한 융합산업분야의 보안기술 이론 및 실습을 통한 보안전문가 집중 양성 - 수시 최초합격자 1학기 등록금 전액 장학금 지급 및 수시 합격자 기숙사 입사 시 기숙사비 1년간 지원 - 국내 기업체, 국내외 IT 전문업체, 컴퓨터 정보통신업체, 정부출연연구소, 금융기관, 언론기관 진출 및 국내외 대학원 진학, 기술고등고시, 변리사, 전문 기자, 교사, 공무원 진출
		차세대기술공학부 (전자전기공학 전공)	- 1994년 설립되어 통신·네트워크, 신호처리, 반도체·회로, 나노바이오, 스마트그리드 등의 분야를 연구 및 교육 실시 - 학과 부설 연구소 및 연구실, 대학원생 멘토링 프로그램, 학부생 연구 지원, 학술동아리 EEI(Ewha Electronic Innovation) 운영 및 지원 등 다양한 연구, 교육지원 프로그램 운영 - LGenius R&D 산학장학생 프로그램 운영을 통해 산학장학생 선발 시 LG Display R&D 입사 확정, 연간 1000만원 장학금 지급, 석사 연계기회 제공

			– 2014년 중앙일보 대학 학과평가(이공계열 전자공학과)에서 서울대학교 등 7개교와 함께 '상' 등급 선정 및 조사대상 38개교(전자공학과) 중 취업률 부문 3위 (취업률: 88.0%) 및 이화여대 교내 유망전공육성사업 선정(2015년~2018년)
숙명여대	인문계열	글로벌서비스학부 (글로벌협력전공)	[주요특징 / 교육내용 / 지원 / 졸업 후 진로] – 글로벌 현장과 관련 업무에 바로 투입되어 글로벌 전략 기획, 시장 개척과 기업 및 관련 기관의 글로벌 인적자원 관리할 수 있는 전문 인력 교육 – 투명성과 공공성이 확대되고 있는 기업과 국가의 국제경영활동을 지원하기 위해 글로벌 사회공헌 전략 및 사회적 기업의 창출과 지원 등 새로운 시장 접근 역량 배양 – 재학 중 전공수업은 모두 영어로 진행, 해외현장 교육을 통해 경험을 축적하고 졸업시점에 영어/불어 구사능력이 최상급이 되는 멀티링구얼 글로벌인력 으로 성장 – 글로벌협력 전공은 글로벌 현장과 관련 업무에 바로 투입되어 글로벌 전략을 기획하고 시장 개척과 기업 및 관련 기관의 글로벌인적자원을 관리할 수 있는 전문 인력을 교육 – 전공수업: 모두 영어로 진행, 해외현장 교육 통해 경험을 축적, 졸업시점에 영어와 중국어 혹은 일본어 구사능력이 최상급이 유지되도록 하여 지역 친화적 언어능력 소유한 글로벌 인력으로 성장 – 외교부 특채공무원, 대사관, 글로벌 미디어업체, 글로벌 다국적기업
		글로벌서비스학부 (앙트러프러너십 전공)	[주요특징 / 교육내용 / 지원 / 졸업 후 진로] – 앙트러프러너십: 국내 최초로 학부 전공으로 개설, 세계를 무대로 삶의 영역 확장시켜야 하는 시대적 소명을 수행할 수 있는 창의적 전문지식으로 무장된 인력 양성 – 고착화된 사고보다는 역동적이고 특성화된 사업영역을 창출하고 창업활동을 통해 기업을 독자적으로 발전시킬 수 있는 사고능력 배양 – 재학 중 전공수업: 모두 영어 진행, 해외현장 교육 통해 경험 축적, 졸업시점에 영어와 중국어 혹은 일본어 구사능력이 최상급이 유지되도록 하여 지역 친화적 언어능력을 소유한 글로벌 인력으로 성장
		문화관광학부 (르 꼬르동 블루 외식경영전공)	[주요특징 / 교육내용 / 지원 / 졸업 후 진로] – 숙명여대와 르 꼬르동 블루 산학 협력 설립된 학부 교육과정(문화관광학부 르꼬르동 블루 외식경영전공으로 2007년 개설) * 르 꼬르동 블루: 1895년 파리에 설립된 세계 최고의 요리학교로 꼽히는 외식산업 교육기관 – 국제적으로 통용될 수 있는 우수한 외식문화 학습, 연구하는 특화된 프로그램을 통하여 외식산업관련 이론 습득 및 현장산업 실습중심-실무지식 습득

숙명 여대	인문 계열		– 교육과정 통해 세계적인 외식문화 효율적 도입/운영할 수 있는 전문 　가, 외식산업현장에 바로 투입될 수 있는 국제적 핵심인력으로 성장 – 외식 관련 정부기관이나 교육기관, 외식사업기획·운영(대기업 외식과 　컨세션, 프렌차이즈 경영, 호텔 F&B, 레스토랑 경영, 케이터링 사업), 　외식경영 컨설 턴트(외식업 컨설턴트, 메뉴 개발과 기획), 외식사업 시 　설(레스토랑 시설·설비 기획) 분야 등 진출
		사회심리학과	[주요특징 / 교육내용 / 지원 / 졸업 후 진로] – 21세기 메가트렌드(Megae Trend)로 글로벌 인적이동 확산, 다문화 　사회와 정보사회의 도래, 여성 사회참여 확대에서 비롯되는 다양한 　이슈를 해결할 수 있도록 심리학을 중심으로 하는 학문 간 융합으로 　사회·문화적 관계를 연구 – 인간행동과 사회적 환경의 상호작용에 대해 체계적으로 연구하여 현 　장적용능력을 갖춘 전인적·통합적 사회심리전문가 육성 – 인간행동과 사회문화에 관련된 제반 분야를 융합적으로 다루어 다양 　한 분야로 진출할 수 있음 – 다문화 심리/교육전문가, 여성심리상담 전문가, 사회조사분석사, 기업 　조직심리전문가, 청소년상담사, 임상심리사, 상담심리사, 발달심리사, 　직업상담사, 전문상담교사
		영어영문학부 (TESOL전공)	[주요특징 / 교육내용 / 지원 / 졸업 후 진로] – 1994년 국내최초로 TESOL 프로그램 도입, 국내 최고의 국가공인영어 　표현능력시험인 MATE 개발한 역량 기반으로 학부생을 위하여 신설 – 영어교육 관련된 전문적인 지식과 바람직한 교육관, 유창한 영어구사 　능력 개발하여 국내 외 영어교육 선도하는 세계적 수준의 영어교육 　전문가 육성 – 전공 이수, 복수전공 이수 혹은 학·석사연계과정 이수 후 다음의 분 　야로 진출 – 국제기구, 대학, 연구기관의 영어교육프로그램 담당자, 국제기구, 정부 　등의 영어교육 행정가, 국내외 언어평가기관의 평가전문가, 컴퓨터 활 　용 언어교육, 인터넷 기반 영어평가(IBT) 등 멀티미디어 영어 교육전 　문가, 영어교육기관 경영자, 아동영어교육 전문가
	자연 계열	공과대학	[주요특징 / 교육내용 / 지원 / 졸업 후 진로] – 여대 유일 프라임 사업 대형 부문 선정, 융합적 사고를 갖춘 글로벌 　여성공학 CEO양성 목표 – ICT융합공학부–IT공학전공, ICT융합공학부–응용물리전공, 소프트 　웨어학부–컴퓨터과학전공 등 기존학과를 공대로 개편하고 화공생명 　공학부, ICT융합공학부–전자공학전공, 소프트웨어학부–소프트웨어 　융합전공, 기계시스템학부, 기초공학부 신설(총 8개 모집단위 모집) – 대기업의 공대 선호현상, 고등학생의 선호도 변화, 정부정책 등 사회 　수요 변화를 부응하기 위해 공대신설

			– 실무능력강화형 전공교육, 공학맞춤형 교양과정, 장학금지원(수시 및 정시 최초합격자 첫학기 수업료 전액/추가합격자 첫학기 수업료 반액, 재학 중 장학금 대폭 확대) 및 지도 교수제, 대학원 진학지원 등 다양한 학생지원정책 통해 이공계 글로벌 인재 양성 목표 – 대기업, 공무원(행시 및 7/9급 기술직), 공공기업 등에 취직 – 대학원 진학 또는 학계나 연구소 근무
성신 여대	인문 계열	융합보안학과	[주요특징 / 교육내용 / 지원 / 졸업 후 진로] – 정보보안 및 정보처리의 전문적 지식과 경호, 경비, 범죄, 수사학을 융합함으로써 이론과 실무가 겸비된 종합산업보안전문가 양성 – 실무교육 및 프로젝트별 실습교육 통해 졸업 후 산업현장에서 곧바로 보안전문가로 활동할 수 있는 융합형 인재교육 추구(2013년 신설) – 정부기관(국가정보원, 경찰청, 군관련 수사기관, 대통령 경호실 등) – 정보화 관련 기관 / 정보출연연구소 / 공공기관, 금융, 인터넷 쇼핑몰의 정보보호 관련 부서 / 정보보호 전문부서(백신연구소) / 국가공인 인증 기관
	자연 계열	청정융합과학과	[주요특징 / 교육내용 / 지원 / 졸업 후 진로] – 자원과 에너지 순환 위한 친환경적 융합과학기술 인력 양성 – 미래의 유망 융합기술(에너지, 환경, 나노 등) 연구 수행 – 신재생 에너지 / 지속가능한 생산과 소비 청정생산기술 및 청정소비 문화 분야 등 환경 관련 교육체계 구축 – 학계, 연구계, 환경부, 미래창조과학부, 국토교통부, 지방자치단체와 그 산하 연구기관, 유엔 산하단체, 공기업 및 일반 기업 등 환경경영, 환경 지속경영 관련 컨설팅 업체 등으로 진출하여 전문가로 활동 가능
		글로벌의과학과	[주요특징 / 교육내용 / 지원 / 졸업 후 진로] – 국내에서 최초로 복수학위제도 통해 국제의과대학인 AUA(American University of Antigua College of Medicine)의 본과과정에 무시험 연계 진학하여 미국의사가 될 수 있는 국내 유일한 학과 – 졸업 후 성신에서 기초의과학사 학위 취득한 뒤 국제의학대학의 의학사 취득함으로써 국내와 해외에서 2개의 학위 취득. 또한 미국의사 면허를 취득하게 되면 글로벌 의료인으로 활동가능 – 미국 의대의 예과 과정과 동일하게 구성 / 유전학, 미생물학, 해부학, 생리학 등 61 학점에 해당하는 선구 과목 포함 – 1, 2학년 과정은 기초자연과학 중심학습 3, 4학년 과정은 기초의과학 중심학습 / 4년간 (기초~심화 과정) 단계적으로 영어교육 실시, 영어 강의 시행 – 졸업 후 성신에서 기초의학사 학위 취득 동시에 AUA 의과대학 본과에 진학하여 의학사 취득함으로써 국내와 해외에서 2개의 학위 수여 – AUA와의 연계교육을 통하여 장차 미국의사 면허시험 통과 후, 미국 내 또는 한국의 국제 병원에서 임상 활동, 의학 연구 및 의료 행정을 수행할 수 있는 글로벌 의료인으로 활동 가능

대학명	계열	학과명	특징 및 장학혜택
우송대	인문계열	Sol International School(S.I.S) – 글로벌철도융합학과 – 글로벌미디어영상학과 – 글로벌비즈니스학과 – 글로벌호텔매니지먼트학과 – 글로벌조리학과 – 글로벌의료서비스경영학과	[주요특징 / 교육내용 / 지원 / 졸업 후 진로] – 글로벌 인재양성을 위한 원어민교수의 전공수업(1학년 집중 영어교육 후, 2학년부터 영어 전공수업) – 신입생특전: 전체 합격생 중 50% 장학금지급(입학 첫학기) / 영어성적 우수자 방학 중 전원 해외연수실시 / 입학생 전원 국제기숙사생활
충남대	–	군사학부 (해군학전공)	[주요특징 / 교육내용 / 지원 / 졸업 후 진로] – 국가보훈처 나라사랑 특성화대학선정 – 2011. 9 충남대와 해군본부협약에 근거하여 개설한 국내 최초 해군학 관련 학과(입학정원: 수시 28명, 정시12명 선발) – 군사학발전과 우수 초급장교 양성 /해군무기체계 연구 및 개발 인재 양성 – 입학생전원 해군장학생 선발(4년간 등록금 전액지원) – 신입생 생활관 입주/특성화 교육에 따른 교육지원 프로그램운영(어학, 무도 등)/ 재학 중 복수전공 기회부여 등 다양한 학문분야 연구 – 해군 주최 정기행사 참여 및 해군부대 탐방 /해군사관생도 해외순항 훈련실습참가(실습 선발된 자에 한함) – 해기사 자격증 취득지원을 통한 해군장교로서의 전역 후 다양한 취업기회보장 – 졸업과 동시에 소정의 군사교육 후 해군소위 임관(함정, 항공, 정보통신 등 다양한 병과진출) –2016 제1기 26명 임관 – 7년간 해군장교 복부 후 장기복무 및 사회진출(의무3년+장학금 수혜기간 4년) –군 복무중 다양한 혜택(주택, 복지지원, 국비위탁 교육, 석·박사학위취득 등) – 근무경력 활용한 전문영역 진출(항해사, 항공기 조종사, 국내외 우수기업 및 연구소진출 등)

		군사학부 (육군학전공)	[주요특징 / 교육내용 / 지원 / 졸업 후 진로] – 2013년 6월 충남대와 육군본부협약에 의해 육군학 전공을 국립대 최초 군사학부 창립 (2015년 개설하여 입학정원 수시 21명, 정시 9명 선발): 군사학발 전과 우수 초급장교 양성목적. 입학 동시에 등록금, 병역, 취업 동시해결. – 신입생 전원 등록금 전액지원(1학년) /군장학생 선발 시 4년간 등록금 전액지원/ 학군단(ROTC)지원가능/신입생 생활관 입주/재학 중 복수전공 기회부여 등 다양한 학문분야 연구/육군 장교로서의 리더십, 역량 개발 프로그램 참여보장 – 졸업과 동시에 졸업생 전원 소정의 육군 군사 훈련을 거쳐 육군소위로 임관(다양한 병과진출). – 7년간 육군 장교 복무 후 장기복무 및 사회진출(의무복부3년 +장학금수혜기간 4년)
한서대	–	항공운항학과	[주요특징 / 교육내용 / 지원 / 졸업 후 진로] – 국내 최초 대학 자체 비행장 보유, 비행교육원 등 항공교육시설 통해 항공 특성화 교육 실시 – AAPC과정: 한서대–아시아나항공 조종사 양성 연계과정: 아시아나항공 입사 – ABPC과정: 한서대–에어부산 조종인턴 연계 연계과정: 에어부산 입사 – FIC 과정(교관과정): 아시아나항공/대한항공/저비용항공사 입사과정 – 공군ROTC, 공군 조종장학생(의무복무 13년)

대학명	계열	학과명	특징 및 장학혜택
경북대	자연 계열	IT대학 컴퓨터 학부 (글로벌융합 소프트웨어 전공)	[주요특징] - 인문/ 자연 교차지원 가능: 모집인원: 100명 - 다양한 국제화 프로그램을 통해 국제적 감각을 갖춘 SW융합 및 기술창업 인재 양성 - 교육과정 혁신: 1,2 학년; SW 핵심 교육과정(SW 기초 과목) 　3,4 학년; SW 융합교육과(다중전공 필수-융합, 연계, 복수, 부전공 중 택일) - 글로벌 역량강화(해외복수학위, 교환학생 등) - 기술창업 역량강화(관련 교과목, 스타트업설계수업 창업수업) - 비교과과정 활동 역량 강화 프로그램 개발(글로벌, 융합력, 창의성, 리더십)
		IT대학 전자공 학부 (모바일공학 전공)	[주요특징 / 교육내용 / 지원 / 졸업 후 진로] - 2011년도부터 삼성전자와 경북대학교 IT대학 전자공학부가 산학협력하여 만든 채용 조건형 계약 학과 - 삼성 모바일공학과 입학 동시 삼성전자 채용 보장 - 4년간 등록금 전액 지원(일정 수준 성적 유지, 최소채용절차 통과 시) - 4학년 1학기: 한 학기 동안 삼성전자 인턴 기회 제공 - 희망자 전원기숙사 우선 입사 대상자 선정 및 기숙사비 일부 지원 - 삼성전자 신제품 개발과정 참여와 우수학생 해외연수의 기회 제공 등 수많은 혜택 제공 - 삼성전자(입사보장) 및 LG 및 모바일 대기업 진출하여 모바일 산업의 발전 이끄는 인재로 활약 - 차세대 모바일 통신네트워크 시스템 설계, 연구 분야 및 망 운영 산업 부문 / 애플리케이션 및 컨텐츠 분야 / 모바일 관련 해외의 산업체, 연구소
영남대	인문 계열	천마인재학부	[주요특징 / 교육내용 / 지원 / 졸업 후 진로] - 트랙별 목표지향적으로 교육과정 구성 (로스쿨/행정고시/공인회계사) - 선배 합격자와 멘토링 실시 & 동영상 강의 지원 / 지정 학습실 운영 - 단기 해외 어학연수(1회) 지원 / 생활관 우선선발 기회 부여 - 트랙별 전문화된 지도교수 배치 및 학부모와 함께하는 지도 시스템 - 입학생 전원 4년 전액 장학 혜택(입학금 및 4년간 수업료면제), 지정 좌석제 시스템 (개별 학습실)(기준 성적 충족시) - 학기당 교재비 120만원 + α 지원 - 로스쿨 진학 통한 법조인 / 행정고시를 통한 고위공무원 / 공인회계사 / 공기업 & 대기업 / 금융기관 등 각 사회 분야 중추적 인재로 진출

영남대	인문 계열	인문자율전공 학부 (항공운항계열)	[주요특징 / 교육내용 / 지원 / 졸업 후 진로] – 전국에서 2개 대학뿐 4년제 전액장학금 받으며 조종사가 되는 길 – 1학년 입학 시 20명(수시14명, 정시 6명) 인문자율전공학부(항공운항 계열)선발, 2학년 진급시 경제금융학부, 무역학부, 경영학과 1개 학부 (과)로 진학 – 공군에서 4년간 장학금 지급(입학금 및 수업료전액)/4년간 교재비 학 기당 60만원지원/단기 해외연수 기회 1회 부여 – 학사학위(경제금융학부, 무역학부, 경영학과)와 졸업 후 비행교육 수료 시 조종사 자격취득 – 졸업 후 공군 장교전원 임관 복무 (비행교육 수료자: 조종병과 장교로 복무, 의무복무기간 13년–본인희망시 장기복무 가능 / 비행교육 중 도 탈락자: 조종병과 이외 장교로 복무, 의무복무기간 7년–본인 희망 시 경쟁에 의한 장기복무장교로 선발 가능) – 비행교육 수료자는 의무복무기간 만료 후 전역 시 민간 항공 조종사 로 취업 가능
동아대	인문 계열	석당인재학부	[주요특징 / 교육내용 / 지원 / 졸업 후 진로] – 트랙별 목표지향적 교육과정 구성(공공법무트랙–로스쿨/국정관리트 랙–국가고시) – 1:1 멘토링 실시(전 재학생 대상) – 트랙별 전문화된 지도교수 & 전용학습공간 제공(전 재학생 대상) – 입학생 4년 전액 장학 혜택, 특별프로그램 제공(장학기준 충족 시) – 연간 교재비 240만원 지원 / 4년간 기숙사무료 제공(장학기준 충족 시) – 일반대학원 진학 시 입학금 및 등록금 무료(장학기준 충족 시) – 로스쿨 진학 통한 법조인 / 행정고시를 통한 고위공무원 / 공인회계사 / 공기업 & 대기업 / 금융기관 등 각 사회 분야 중추적 인재로 진출
울산대	자연 계열	생명과학학부	[주요특징 / 교육내용 / 지원 / 졸업 후 진로] – 전공트랙(track) 시스템 도입: 의생명, Eco 환경, 바이오화학 – 교육과정을 교과과정과 비교과정의 특성화 프로그램으로 구분하 여 운영 – 2014년~2018년까지 정부지원 CK 사업 선정으로 폭넓은 장학혜택: 성적 우수 장학, 성적향상 장학, 어학성적 장학, 전공성적 우수 장학, 생명과학기술인증 우수 장학 : 글로벌 챌린저, 교내 연구실 인턴연수, 특성화 튜터링 프로그램, 바이 오 직업체험 프로그램 등 다양한 학부생 양성 프로그램 운영

울산대	자연계열	기계공학부(기계자동차공학전공)	[주요특징 / 교육내용 / 지원 / 졸업 후 진로] – 2011년부터 현대위아(주)와 공작기계 연구개발인력 양성을 위한 현대위아트랙 설치에 관한 협약 체결(매년 5명 선발, 2년간 전액장학금 지급, 졸업 후 현대위아 입사) – 2013년부터 현대자동차그룹과 자동차 융복합 기술인력 양성을 위한 자동차트랙 설치에 관한 협약 체결 (매년 10명 선발, 2년간 전액장학금 지급, 졸업 후 현대자동차 그룹 입사) – 현대자동차와 현장캠퍼스 제도 운영(학생들이 한 학기 동안 현대자동차에서 자동차 구조 및 작동원리에 대한 실무교육을 받음) – 단기현장실습(4주) 및 장기인턴십(6개월) 교육이 정착되어 현장실무교육이 내실화되어 있음 – 졸업 후 기계 자동차 분야의 대기업 취업률이 상대적으로 높음
계명대	인문계열	KAC (International Business)	[주요특징 / 교육내용 / 지원 / 졸업 후 진로] – 국제화 시대 요구되는 언어능력과 경영마인드 갖춘 리더 양성: 전 교육과정 외국인 교수 영어로 강의 – 경영, 마케팅, 재무, 회계 등 경영의 기본 분야: 체계적이고 차별화된 교육과정 제공 – 미래사회 글로벌 리더로서의 능력함양을 위해 국제관계학과 또는 Microsoft IT학과: 부전공으로 필수 이수, 제2외국어(일본어, 중국어 등) 교육, 인턴십, 해외연수, 특강 등의 프로그램 실시 – 국제기구, 정부기관, 공공기관, 대기업, 경영컨설턴트, 금융기관, 외국계 기업, 경영진단사, 교육, 연구, 재무 및 회계 관리자, 마케팅 전문가
		KAC (International Relations)	[주요특징 / 교육내용 / 지원 / 졸업 후 진로] – 국제화 시대 요구되는 언어능력과 경영마인드 갖춘 리더 양성: 전 교육과정 외국인 교수 영어로 강의 – 국제관계학과는 국제화 시대의 고급 외교인력, 국제기구 종사자, 지역전문가, 국제 문제 전문가, 국제 문화 교류 전문가 양성하기 위하여 체계적이며 차별화된 교육과정 제공 – 국제관계학과의 교과과정은 5개 필드로 구성. * 제1분야: 외교, 국제법 / 제2분야: 국제정치경제, 통상 / 제3분야: 국제 개발 원조(ODA) / 제4분야: 국제문제(기후, 환경, 빈곤, 여성, 테러, 종교, 분쟁, 인구 등) / 제5분야: 지역(러시아, 동아시아, 동남아시아, 유럽, 미국 등) – 제5분야의 지역 중 한 지역 선택하여 관련 과목 모두 수강 / 그 지역 언어를 중급 수준 이상까지 습득 – UN, UNESCO, UNICEF, UN FAQ, IMF, World Bank, WTO, 외교통상부, KOICA, 한국무역협회, 주한 외국 대사관, Amnesty, World Vision, Times, Newsweek, 아리랑 TV, KBS, 대학 등

한국해양대	인문/자연계열	해사대학	[주요특징 / 교육내용 / 지원 / 졸업 후 진로] – 해사수송과학부/기관시스템공학부/항해학부/기관공학부/해사IT공학부/해사글로벌학부/해양경찰학과/해양플랜트운영학과/선박운영과 등 6개 학부 및 해양경찰학 과/해양플랜트운영학과/선박운항과와 같은 3개학과 보유 – 입학금 및 수업료 일부 4년간 면제 및 폭넓은 장학혜택 – 전원이 승선생활관에 입사하여 생활, 숙식 및 규정된 피복 국비로 제공(피복비 일부는 본인부담) – 재학기간 중 원양항해실습을 통해 다양한 외국 문물을 직접 체험가능 – 졸업생은 국가시험을 거쳐 3급 이상의 해기사 면허를 취득할 수 있음 – 징병검사 시 현역병 입영대상자는 병역법에 따라 졸업 후 승선근무예비역으로 편입되어 5년 내 3년간 승선함으로써 병역을 필할 수 있음/ 해군 ROTC 가능 – 졸업 후 해운회사 등으로 취업 (취업률 약 90%)
동서대	인문계열	동아시아학과	[주요특징 / 교육내용 / 지원 / 졸업 후 진로] – 한·중·일 캠퍼스 순회 학습(1·4학년 한국, 2·3학년 중국 및 일본)을 통한 3개국 언어의 최상급 구사능력과 인문학적 문제해결 능력 갖춘 '동아시아 인문학 리더'를 양성 – '2016년 CAMPUS Asia 국비장학생 본 사업 선정' / 3국 대학 공동 교육과정과 3국 학생의 공동생활을 중심으로 한 '글로벌 생활–학습 연계 프로그램 〈GLLP(Global Living–Learning Program)〉'운영 – 졸업자에게는 동서대 졸업장과 3국 대학 총장 공동명의 수료증 수여 (동서대, 중국 광동외어외무대, 일본 리쓰메이칸대) – 4년간 장학금 혜택(70% 등록금 전액, 30% 등록금 반액)/ 중국•일본 국제항공료 및 생활비 일부지원 – 국제기구, NPO, 다국적기업, 공기업, 국내외 대학원 진학 등
		경찰행정학과	[주요특징 / 교육내용 / 지원 / 졸업 후 진로] – 형사사법 분야의 전문가 양성 – 직렬별 공무원 시험 준비를 위한 책임교수제, 1:1 지도교수제 실시, 맞춤형 특강 운영, 방학 중 집중 교육 실시 – 취업역량강화실 실원 선발시 특별 지원(연간 400만원 내외 장학금, 자격증 취득 지원금, 독서실·기숙사 무료 제공) – 경찰·교정직·보호관찰직·검찰직·법원직 공무원, 경찰간부후보생, 경호실, 국가정보원, 경호경비요원 등

호남권대학 특성화학과			
대학명	계열	학과명	특징 및 장학혜택
목포 해양대	자연 계열	해사대학	[주요특징 / 교육내용 / 지원 / 졸업 후 진로] – 국제해사기구(IMO) 기준에 맞추어 해기사(상선사관) 교육을 실시하는 국가지정 교육기관으로서 특수목적대학 – 항해학부/국제해사수송과학부/항해정보시스템학부/기관시스템공학부/기관·해양경찰학부/해양메카트로닉스/해군사관학부(2017학년도 신설) – 재학생은 전원 4년간 승선생활관에 입사하여 생활 – 징병검사 시 현역병 입영대상자는 병역법에 따라 졸업 후 승선근무예비역으로 편입되어 5년 내 3년간 승선함으로써 병역을 필할 수 있음 – 졸업 후 해운회사 등으로 취업 (80% 이상 높은 취업률) – 재학 중 승선실습 시 세계 각국 순방 – 해군 ROTC 가능 (해군장교로 진출)